JN409374

쉰아홉 살, 머리로 서다

쉰아홉 살, 머리로 서다

이해숙 수필집

수필과비평사

서문

지리산티아고

몇 해 전, 조카가 산티아고 순례를 다녀와 여행기를 발간했다. 스물다섯 살 꽃빛발 청춘이 감동이었다. 책을 읽고 꿈꿨다. 환갑이 되기 전에 두 번째 수필집 출간과 함께 산티아고를 다녀오리라고. 꿈을 꾸던 소띠 소녀가 내년이 벌써 환갑이다. 코로나 사태로 순례길이 막힌 어느 날, 문인들과의 자리에서 내 이야기를 꺼내 놨다. 산 아가씨 시절, '지리산 50번 등반' 계획을 세웠던 일을. 그러다가 지리산에서 지금의 신랑을 만나는 바람에 미완인 채로 지금까지 살고 있다고 이야기했다. 이야기를 듣던 김영 시인께서 "올레길도 있고 지리산도 있는데 굳이 멀고 먼 산티아고냐, 그러나 꿈이 아쉬우니 지리산 등반 횟수를 마저 채워 산행기 '지리산티아고'를 출간하면 되겠다."라고 하신다. 기발하고 명쾌한 처방에 마음이 확 당겨 곰곰 모색 중이다.

요원하고 아득하게만 생각했던 예순에 당도했다. 욕심부리지 말고, 내 작은 글방에서 고르고 골라 사들인 책들을 두루 섭렵하고 싶다. 그리고 세 아이가 저와 어울리는 짝을 만났으면 좋겠다.

몇 년 후면 내 인생에도 행복할 일이 찾아올 것 같다. 선한 며느리와 듬직한 사위를 맞지 않겠는가. 또한 어느 한 구석쯤 나를 닮았을 아기의 얼굴을 마주 보며 웃느라 얼굴에는 웃음 주름, 꽃주름으로 가득할 것이다.

나이 드는 것을 당당하게 받아들이는 모습은 얼마나 멋진 일인가. 동안童顔 열풍이 중년 이후의 의식을 위축시킬 수는 있을지라도 젊다는 이유가 경쟁력이지만은 않으리라. 신이 주신 노년의 권리를 만끽하며 당당하게 늙어가고 싶다. 좋은 것은 양보도 하고 한발 물러서서 욕심을 내려놓는 여유, 그렇듯이 나이 들고 싶다.

잠이 줄어드는 노년, 남은 열정을 몰아 책을 더욱 가까이하리라. 읽고 쓰는 일이 생의 위안이 되리라. 예순이 넘어서도 내면이 더욱 아름다울 수 있기에, 세월에 연연해 않고 시나브로 새들새들 물기 말리며 모숨모숨 가벼워지고 싶다. 예순이 아니면 알 리 없는 이 평화로움, 나의 예순 살이 주는 은혜다. 힘들 때마다 가족을 생각한다. 남편 최홍섭, 그는 내 인생의 멋진 친구다. 삼 남매 정현, 정선, 승연이가 있어 든든하고 행복하다.

또 하나의 작은 소망은, 스물여덟 번째에서 멈춰버린 '지리산 50번 등반'을 완성해 세 번째 수필집, '지리산티아고'를 출간하고 싶다.

2020년 11월 용산마을에서

又步 이해숙

차례

1 작은글방, 내 자족의 섬

2 쉰아홉 살, 머리로 서다

3 연둣빛 꽃, 찻잎 따다

4 아모르파티

5 작품론

6 덧붙이는 글

1

작은 글방, 내 자족의 섬

낙타

낙타는 고비사막의 배다. 대륙횡단 열차다. 흙무더기를 옮겨 산을 만드는 모래바람 속을, 머리카락조차 녹여낼 태양 아래서도 사람을 태우고 길을 떠난다.

낙타는 토박한 사막에서 참을성 하나로 버티는 지독한 견인주의자다. 피를 흘리며 가시 나뭇잎을 먹고, 여러 날 먹지 않고도 일을 한다.

낙타의 혹이 시나브로 납작해진다. 먹지 못한 몇 날, 지방 덩어리인 육봉肉峰에서 부족한 영양분을 보충했기 때문이다.

낙타는 새끼를 낳을 때 무리를 떠나 한갓진 곳에서 홀로 새끼를 낳는다. '하닥'은 유목민들이 신께만 바쳤던 푸른 천 오라기다.

낙타의 주인은 태어나 3일 이내 네 발로 서는 강인한 의지가 보이는 새끼에게만 기원을 묶어 '하닥'을 목에 감아준다.

늑대로부터 새끼를 보호해 줄 것, 튼튼한 낙타로 자라줄 것, 어서 네 발로 걸어서 집으로 돌아올 것 등이다.

세 살 된 암낙타 '공지'가 3일간의 난산 끝에 첫 새끼를 보았지만 출산 후유증으로 새끼를 거부한다. 때로는 새끼를 밟거나 굶겨서 죽이기도 한단다.

초산이거나 아주 힘든 출산을 한 후에 보이는 기미다. 이 신비한 유목민들의 전통 치유법을 들어보라. 마두금은 유목민의 전통악기다.

주인이 낙타 곁에서 마두금을 연주하며 읊조리듯 천연스러운 노랫말로 어미를 위로한다. 그런 연후 낙타 봉峰에 마두금을 걸어주고 물러난다.

사막의 거친 바람이 두 줄의 현을 탄다. 망망한 사막 바다에서 바람이 연주하는 마두금 가락. 그 구성진 선율이 모성을 일깨운다.

어미 낙타의 산고가 녹아내린다. 순한 눈망울이 맑은 눈물을 촉촉 내놓는다. 어린 새끼가 젖을 문다. 어미 낙타 젖꽃판샘에 보유스름한 젖이 넘친다.

낙타를 제물로 바친다는 의미는 산 채로 풀어준다는 뜻이다. 주인은 30년 함께 산 흰 낙타 '챠강티메'를 제물로 바쳤다.

"너는 어디든 갈 수 있고 언제든 돌아와도 좋으니 이제부터 영원한 자유다." 바람의 광원, 고비사막은 쌍봉낙타들의 에덴동산이지 싶다.

풀어 준 챠강티메가 한 번씩 옛 주인을 찾아온다. 주인은 그 목에 푸른 천 한 가닥을 감아주며 '하닥'의 기원을 해 줄 뿐이다.

사람의 발치 끝에 사는 여린 풀 한 포기를 보라. 우리 곁에 의미 없는 생명이 어디 있으랴. 신이 허락한 하늘의 씨앗은 사람이든 미물이든 다 귀하고 귀하리라.

이에 마땅히 더불어 공존해야 할지니.

아름다운 나이, 예순

예순에 닿았다. 머언 먼 섬 같았던, 요원하고 아득하게만 생각했던 나이다. 언제 예까지 왔나 싶다. 세월 참 턱없다. 갑년甲年이 되기 전에 하고 싶은 일 두 가지가 있었다. '수필집 출간'과 저 서쪽 나라 스페인의 '산티아고 808km 순례'였다. 한 달쯤 휴가를 얻어 걷기의 즐거운 고행을 감행하고 싶었다. 프랑스로 날아가 고흐의 무덤에 참배하리라. 순례객이 붐비는 계절을 피해 겨울의 시작 12월에, 프랑스 생장에서 출발해 피레네산맥을 넘으리라. 이국의 정취에 취해 걷다 보면 산티아고 데 콤포스텔라 대성당에 닿겠지.

'피레네!', 지리책에서나 접할 지명에 내 발자국을 찍을 수 있다면 내 생애 역사적인 날로 기억되리라. 야고보의 순례길, 그 길 위에서 여행자의 자유를 만끽하자. 한 갑자 살아온 인생을 돌아보고 격려하며 내년에 맞을 환갑을 미리 자축해야지. 이 여행이야말로 내게 주는 인생 최고의 선물이고 보상일 것 같았다. 가능하면 네댓새 일정을 연장해 대서양까지 나아가야지. 대서양의 짙푸른 바다가 보일 피스떼라, 929km의 순례로 내 인생의 1막을 완성하고 싶었다. 상상만으로도 행복했다.

수필집 출간은 무난할 것 같다. 전라북도 문화예술진흥기금 공모에 선정되어 발간비 일부를 지원받았다. 요는 '산티아고 순례길' 여정이다. 2020년 1월에 발발된 '코로나19'의 범세계적 유행으로 옴짝달싹 못 하게 되었다. 무기한 연기다. 다른 길을 모색해야 한다. 지구촌이 극도의 비상사태다. 전면적인 역병의 대유행에, 대자연 앞에 인간은 얼마나 나약한가. 인류는 질병과 공존하며 살아왔다. 바이러스는 소멸과 변종을 반복한다. 14세기에 발병한 흑사병으로 유럽 인구의 3분의 1이 감소하였다. 13세기 수준으로 인구가 회복한 것이 17세기였다니 흑사병은 무려 300여 년 동안이나 창궐한 전염병이었다. 코로나19 발생으로 생활 전반이 바뀌었다. 사회학자들은 코로나 이전 생활로 돌아가기 어려울 수도 있다고 전망한다. 발발 직후 대부분의 선진국은 전염병에 대한 우리의 대처를 하찮게 여겼다. 이제는 우리의 선진적 대처가 옳았음을 세계가 인정한다. 최고의 예방주사가 마스크 착용과 손 씻기 등 개인위생은 말할 것도 없다. 전파는 무차별적이다. 아이러니한 공평과 평등이랄까. 세계의 정점에 있는 지도자도 바이러스에 속수무책 당했다. 자만하고 경시했기 때문이다.

'인생은 60부터'가 슬그머니 '70부터'로 바뀌었다. 예순 살의 나는 역사의 한가운데, '생의 한가운데'를 지나고 있다. 책장에도 책상 위에도 겹쳐 쌓인 책들을 보니 소일거리가 있어서 감사하다. 책 욕심이 많아 전국의 헌책방에서 사들인 책들이 사무실에도 집에서도 나의 선택을 기다린다. 서재에서 뒹굴뒹굴 몇 끼는 굶어도 일없다. 나이 들어가며 늙어가며 초조하고 불안하기보다는 읽을 책이 있어 위안이 된다. 소박한 요깃거리면 충분하다. 신의 선물로 건강의 은총을 받아 내 소유의 책을 모두 섭렵할 수 있다면 얼마나 좋을까. 이 멋진 이층집에서 한 십 년쯤 살고는 이처럼 위압적이지 않은 소박한 단층집에 살고 싶다. 넓은 마당 가로 유실수 몇 그루에 손바닥만 한 채소밭 일구면서. 많은 노동력이나 시간을 들이지 않아도 될 단출한 공간, 그들 곁을 노닐며 소박하게 심고 가꾸는 재미를 느끼고 싶다. 나이가 들어가니 자주 옛 추억을 소환하게 된다.

어린 시절 방학이면 찾아가던 외갓집. 막내 이모는 우르르 몰려간

조카들을 귀찮아하지 않았다. 아궁이에 불을 지펴 가마솥에 옥수수와 풋콩 고구마도 쪄주고 겨울이면 고염이며 호박범벅도 만들어 주었다. 작은 집을 마련하면 어느 하루 막내 이모를 모셔 집 귀퉁이에 마련할 황토방에 군불을 지피리라. 타닥타닥 군불을 어르며 함께 늙어가는 얘기를 나누다보면 동안 사느라 서로간의 소원했던 아쉬움도 말끔히 해소가 되지 않을까.

나이 예순이 되었고 세 아이가 있으니 요즘은 성장盛裝한 젊은이들에 눈길이 간다. 약속이 있어 오랜만에 신시가지로 나갈 일이 있었다. 코로나 사태로 만남이나 이동이 줄었겠지만 휴일이어서인지 짝을 지어 지나는 젊은이들이 많았다. 풍성하고 아름다운 긴 머리의 여자와 어깨를 나란히 걷는 훤칠하게 키 큰 청년을 보니 사윗감으론 더 없어 보였다. 수수하고 맑은 표정의 여자는 또한 며느릿감으로 더할 나위 없겠고. 일렁이는 젊은이들에게서 싱그러움을 느끼며 돌아보니 내 나이도 어느덧 인생 절정을 넘어왔다. 이제 몇 년 후면 내 인생의 가장 행복할 일이 기다릴 것 같다. 눈매 선한 며느리와 믿음직한 사위를 맞을 일이다. 그리고 어느 한 구석쯤은 나를 닮은 아기의 얼굴을 마주하고 있을 테지. 나는 그토록 예쁜 아기의 할머니가 되기 위해 인생 여정을 이만큼 영위해 왔는지도 모르겠고. 침 흘리는 여린 입술 사이로 솟아난 하얀 치아가 치명적으로 귀여울 테다.

왕머루 빛 눈부처에 세상의 온갖 티끌이며 근심이 다 사윌 것이다.

새로운 인연, 온화한 안사돈을 상상하면 어려운 게 사돈지간이라지만 일면은 인생의 친구로 친근한 이웃으로도 가능하지 않겠는가. 머리 쓰지 않고 서로 경쟁하지 않는다면 함께 늙어가며 더 없는 벗이 될 수도 있지 싶다. 늙는 것을 당당하게 받아들이는 모습은 얼마나 멋진 일인가. 동안童顔 열풍이 중년 이후의 의식을 위축시킬 수는 있을지라도 젊다는 이유가 경쟁력이지만은 않으리라. 오히려 늙지 않으려 알탕갈탕 애쓰는 일은 늘그막의 추한 모습이다. 신이 주신 노년의 권리를 만끽하며 당당하게 늙어가고 싶다. 맛있는 식사 후엔 밥값도 먼저 지불하고, 좋은 것은 양보도 하며 한발 물러서서 욕심을 내려놓는 여유. 그렇듯이 나이 들고 싶다. 각박했던 삶에서 한 풀 물러나 지난날 못다 이룬 꿈도 헤아려 보고 남은 열정을 몰아 책을 더욱 가까이하고 싶다. 그러고 보면 예순을 넘어서도 참 괜찮은 나날이 될 것 같다. 나이를 벼슬 삼지 않고 찻값도 먼저 지불할 수 있는 순발력을 포기하고 싶지 않다. 황금빛 노을에 휘감긴 억새의 아름다운 모습으로 나이 들어가리라. 잘 탄 연탄재처럼 편안하고 담백하게 시나브로 새들새들 물기 말리며 모금모금 가벼워지고 싶다. 예순이 아니면 알 리 없는 이 평화로움, 나의 예순 살! 더없이 아름다운 나이다.

어린 독수리에게

사랑하는 승연아!

추분을 지나고부터는 들녘 바람이 제법 고들고들하다. 봄이 환한 빛으로 다가온다면 가을은 바람으로 와 닿는구나. 하루가 다르게 푸르른 하늘이 점점 높아만 가네. 코로나19의 범세계적 유행으로 생활 양상이 확연하게 바뀌고 있다. 많은 사람이 코로나19 이전 시절로 돌아갈 수 있으려나 하는 마음이 크단다. 지난여름엔 50여 일의 긴 장마와 폭염 기록적인 태풍으로 우리는 어려운 한철을 보냈다. 치닫던 여름날의 번화도 잦아들고 '초록에 지쳐'갈 즈음 절묘한 계절의 수레는 여일하게 제 궤도를 밟아가며 가을을 옮겨왔다. 승연이가 입대한 지도 어느덧 6개월 가까이 되었네. 힘든 시기의 입대인 만큼 승연이도 생각이 많으리라 싶어. 그래 잘 지내니?

승연아! 문득 독수리의 생태에 대한 글이 생각이 나는구나. 독수리는 보통의 새들과 달리 가시나무로 둥지를 짓는다고 해. 새끼 독수리는 알에서 깨어나 보니 사방이 온통 가시밭이 아니겠니. 시쳇말로 '금수저 흙수저' 운운하는 요즘 독수리는 어디에 속할까?

어미는 새끼가 어느 정도 자라면 먹이를 순순히 입에 넣어주지 않고 둥지 바깥으로 떨어뜨린단다. 배고픈 어린 새끼가 먹이를 쫓아 고개를 둥지 바깥으로 내밀면 가차 없이 아래로 떨어뜨려 버린다지. 본능적으로 날갯짓을 하지만 쉽지는 않을 거야. 어미는 긴 날개에 새끼를 받아 업고 하늘 높이 올라 다시 떨어뜨리고. 이렇게 반복하다 보면 어린 새끼는 드디어 하늘을 나는 법을 배우게 되는 거지. 새끼를 둥지 밖으로 떨어뜨려 나는 법을 가르치는 어미 독수리. 상처로 점철된 단련의 과정이 어린 독수리를 하늘의 제왕으로 키운다는구나.

마흔 다 되어 낳은 늦둥이 승연이가 공군 입대를 했다. 가야 하니 가겠지만 너는 기꺼운 표정이 아니었어. 미지의 세계에 대한 불안으로 착잡한 심상임이 여실했지. 말로는 "저 걱정 안 해요." 하면서도 저 표정은 뭔가 싫었다. 행정병 지원을 준비하며 마이크로소프트사 'MOS MASTER' 자격증도 어렵게 땄다. 코로나19 사태로 폐강이 되었지만 분발하였고 대전까지 가서 성과를 냈다. 자격증 공부에다 친구들과의 약속으로 통 얼굴을 볼 수 없었다. 내가 출근한 후에나 일어나고 퇴근해도 새벽에 들어오기 일쑤였으니. 혹 나다니다가 감염이 되어 입대에 문제가 생길까 조마조마했었다.

입대 전 승연이와 손잡고 삼천 천변의 만발한 벚꽃길 산책이며 유년 시절 추억을 함께 회상하며 얼마나 벅찼었니. 기대 반 걱정 반의 훈련병 기간이 끝나고 승연이가 손편지를 보내왔었지. 힘들고 어렵게 취득한 자격증이었는데 혹 행정병 보직이 안 될 수도 있다고. 원하던 보직을 배정받지 못하고 낙담이 많았지? 그렇지만 힘든 자리에 배치되더라도 무너지지 않고 이겨내 보겠다고. "나를 죽이지 못하는 시련은 나를 강하게 만든다는 말을 의지하며, 힘든 직무를 줘도 장기적으로 보면 오히려 저에게 비약적인 성장을 하게 해줄 기회가 될 수 있지 않을까요? 열심히 이겨낼게요. 사랑해요. 어머니! 걱정하지 마시고 저 승연이를 믿고 응원해주세요. 그게 제게 큰 힘이 돼요."

그래 승연아. 군대는 사회의 한 영역이고 축소판이라 할 수 있겠지. 세상일은 내 뜻이나 계획에 역행할 때도 많단다. 그 첫 경험으로 원하지 않는 곳에 배치되는 값진 체험을 한 거야. 앞으로 더 많은 낭패도 맞닥뜨릴 수 있단다. 새끼 독수리가 둥지에서 떨어질 때 날기를 포기했다면 어떻게 됐을까. 승연이가 편지글에서 말한 것처럼 힘든 보직이라도 자신을 성장시키는 하나의 과정이라 생각하고 기꺼이 감당하길 바란다. 힘들 때마다 포기하지 말고 아기 독수리의 비상하는 정신을 반추하며 힘을 내 보렴.

인류는 대규모 전염병 시기를 거쳐 진화하고 생존해왔다. 몇 년 전 사스와 메르스에 이어 올해에는 세계적인 코로나19 시대에 직면해 있다. 그나마 군대는 이 사회보다는 안전지역이라 할 수 있을 거야. 부대 내 지침을 잘 따르고 기꺼이 의무를 다하며 자신을 믿고 더욱 소중하게 생각하길 바란다. 긴 추석 연휴를 만끽하며 2층 서재에 있다. 창문으로 무단 침입해 블라인드를 흔드는 가을바람이 더할 나위 없다. 옆집 지붕 위로 높이 솟은 피뢰침에 새 한 마리가 앉아 노래한다. 새 노랫소리에 널 그리는 마음을 얹어 보낸다. 머지않아 널 만날 수 있을 테지. 승연아 만날 때까지 건강하길 빈다.

2020년 10월 3일

전주에서 어머니가

작은 글방, 내 자족自足의 섬

자주 즐기지는 않지만 토요일, 에스프레소 커피를 내렸다. 아라비아 원두 라빠짜다. 포트에서 추출되며 내는 '삐 삐 꼬르륵' 신호음이 꽤 낭만적이다. '커피 칸타타' 음악을 대신하는 아날로그적 음향. 소리조차 맛있다. 검은 초콜릿색의 풍성하고 감성적인 커피 향이 좁은 서재에 가득하다. 더할 나위 없이 만족스러운 공간, 쉬는 날 집 안에 붙박여 에스프레소를 즐길 수 있음이여! 책을 끼고 뒹굴 수 있는 나만의 작은 섬, 세상 행복하다. 읽고 싶은 책들이 즐비하다. 오늘은 서머싯 몸의 소설을 선택했다. 사 놓고 그냥 덮어 둔

많은 책 중 정홍수의 소설평론 '소설의 고독'도 함께.

두 시어른과 조롱조롱한 세 아이, 방 하나는 세를 놓아 방 둘에 오종종히 살았다. 나만의 공간을 꿈꾸는 건 사치였다. 서재에 대한 꿈은 아득했다. 조그만 구석 나만의 피난처 서재야말로 그런 곳이지 않을까. 남편의 퇴직을 앞두고 조금 더 넓은 집으로 이사를 했다. 맨 꼭대기에 있는 그림같이 조그만 방. 소원 성취했다. 키가 큰 소나무 책장을 제일 먼저 짰다. 벽마다 책으로 채웠다. 여름엔 덥고 겨울엔 추운 방이지만 어떠랴! 신경숙 소설가의 서재는 아연 국립도서관을 방불케 했다. 작가 중 아마 소설가들이 가장 맹렬한 독서가들이지 싶다. 그분뿐이랴. 내로라하는 작가들의 등 뒤로 병풍처럼 둘러쳐진 책장이 내겐 제일 부러운 그림이다. 그래, 내 작은 글방도 이만하면 대만족이다. 얻은 책보다는 읽고 싶은 책을 사서 읽는 걸 좋아한다. 생각해보면 책값이란 얼마나 싸게 치는가. 목록을 써서 인터넷 중고 장터에서 주로 산다. 내 장바구니에는 100 여권 넘는 책이 나의 선택을 고대하고 있다.

책과 관련하여 인상적이었던 글이 생각난다. 재클린 케네디 오나시스의 서가를 읊은 글은 얼마나 의외였던가. 책상 위에도 아래에도 책장 바닥에도 쌓인 책 무더기. 세계적 선박왕 오나시스의 재혼녀였던 재클린. 유행과 패션을 선도하던 그녀였지만 1년에 200여 권의 책을 읽을 정도로 지성으로 뭉친 매력적인 여성이었음에랴. 그런 재클린이 지절토록 신선했다. 나는 꿈꾼다. 그녀의 책방처럼 책으로 넘쳐나는 세계를, 그 외딴 섬에 기꺼이 갇히기를. 갇혀 한 몇 날이고 책과 뒹굴며 쌓인 책더미 위에 찻잔을 놓고 차도 마시고 책을 읽다 졸리면 책을 베고 잠도 자고. 몇 끼 정도는 밥을 먹지 않고도 살 수 있을 것 같은….

예순을 앞두고 돌아보니 여전히 세상은 살만하고 살아 있음이 감사하다. 힘든 시절도 있었지만 누구나 겪을 만한 정도였다. 바란다면 내 작은 글방에서 마음 내키는 대로 뒹굴뒹굴 소요하고 싶다. 백석이 아름다운 나타샤와 '산골'로 가는 것은 세상에 지는 것이 아니라 세상은 더러워 버리는 것이라 했던가. 나의 작은 글방, 백석의 '산골'을 빌려 쓴다. 세상살이에 대한 욕심도 인간관계에서 오는 서운함도 나의 '산골'에서는 다 잊히리라. 연연해하지 않고 심심하지 아니하게 외따로이 책들과 뒹굴고 싶다. 지독한 책벌레여서 열광했던 이들을 선망하며 선부른 그들 흉내를 내며 살리라.

국문학도였고 박물학자였으며 지독한 독서가였던 윤택수 시인은 문단에 등단하지 않고 자기만의 세계를 이루었다. 나는 잠시 얼음이 된다. 요절한 시인 윤택수의 글을 읽다 보면 알찬 독서의 흔적이 알밤처럼 툭툭 밟힌다. 열 살 때쯤 '박물학자'라는 낱말에 온 마음을 빼앗긴 소년이 윤택수 시인이었다. 윤택수의 글은 거의 박물학이었다. 주변 '물목'을 세심하게 들여다보지 않는 자는 글을 쓸 수 없을 뿐 아니라 속물이란다. 시 '박물지'는 46편의 연작시다. '무섭도록 책을 읽는 소년이었다는 소문 없이 위인이 된 사람이 있다면 우리는 그 위대함의 질을 의심해보아야 한다.'(박물지 9). '휠더린의 웅혼함 랭보의 자유 백석의 염결함/ 김수영의 반골 기형도의 요절 없이 어찌 시인이었겠느냐'(박물지 11). 그의 짧은 생애는 온통 '책'이었다. 대학 시절 자취방에는 바닥에서 천정에 닿도록 세 벽면에 책이 빼곡하였고 '읽은 책을 한 줄로 늘어놓으면 서울에서 부산까지 간다더라.' 는 후일담이 후배들 사이에 전설로 전한다.

한 권의 책을 읽기 시작해 마지막 문장의 마침표에 도달하기까지는 질감스럽다. 유혹과 어려움도 끼어든다. 인생 또한 매한가지다. 늙는 일은 자연의 순리, 꿋꿋하게 맹금처럼 외롭게 작은 글방에서 침잠하고 싶다. 아무려나 콩알처럼 얌전하게 활자가 박힌 책을 펼치면 눈과 귀와 코에 즐거운 울림이 와서 부딪히리니. 그건 내게 당도한 정결한 선물이다. 자족한다. 눈이 좀 빠지고 목이 좀 뻣뻣한들 어떠랴.

지기지우

사람과 사람의 만남이 얼마나 아름다울 수 있는지, 내 삶에서 그런 만남을 위해 어떤 마음가짐이 필요한지를 헤아려본다. 우리의 인생은 만남의 연속이다.

꿈을 글로 그린 적이 있다. 나이 든 후에 깃들일 거처, 살고 싶은 집 '하늘 마당'의 꿈. 요원하여 꿈이고 이루기 어렵기에 꿈이라 한다면 우리가 받은 선물은 꿈 너머의 꿈이었을까?

그들은 사십 오 년 지기다. 일주일에 한 번은 만나 막걸릿잔을 기울인다. 진로를 모색하던 까까머리 시절 도서관에서 만났다. 각각 공고를 졸업하고 공대 진학이 목표였고, 농고 졸업 후 공군사관학교에 진학하여 파일럿을 꿈꿨다. 공대를 졸업한 친구는 당시 굴지의 'K 건설회사'에 입사해 토목기사로 건설 현장을 누볐고, 종합건설회사를 설립하였으며 전문 분야 최고의 자격인 '토목기술사'가 되었다. 바쁜 일상 속에서도 공부의 끈을 놓지 않았던 결과였으리라. 파일럿 꿈이 좌절되고 공무원이 된 남편은 오랜 세월을 함께한 직장에서 퇴직하였다. 사업가로, 공무원으로 각자의 삶을 영위하면서도 변하지 않은 우정. 45년 여 지켜 온 그들의 돈독한 사이가 아름답게 느껴졌다. 관중과 포숙아의 우정에 버금갈, 남편은 신실한 '토목기술사' 친구를 두었다.

남편은 주어진 삶에 성실했고 행운도 따랐기에 안정되고 순탄하게 예까지 왔다. 사업체를 운영하며 노후에 영위할 전원주택을 물색하던 그 친구는, 공들여 잘 지어진 집을 장만하게 되었다. 정원의 무성한 소나무를 벌에 쏘여가며 전지해 주면서 남편은 친구의 새집 장만을 진심으로 축하해 주었다. "자네 집이 장만 되었으니 이제 내 집 장만을 위해 두루 살펴보아 주게" 부탁했단다. 쾌히 "그러마!" 했다고. 봉급생활자로 빠듯한 우리보다 형편이 월등한 그분에게 딱 어울리는 이층집이었다. 집터로는 안성맞춤인 야트막한 언덕배기의 전망 좋은 집. 일·이층 전면이 통유리로 된 튼튼한 주황색 벽돌집, 담 없이 쌓은 정원석 축대며 빙 둘러선 소나무와 철쭉나무로 친 울타리. 우리와는 경계가 먼 궁전처럼 보였다.

집과의 인연은 묘했다. 꿈에도 생각하지 않았던 일이었다. 지기지우로부터 큰 은혜를 입었다. 그분들이 노후를 위해 마련한 전원주택을 이득 없이 우리 가족에게 양보한 것이다. 계약 후 어느 화가 한 분이 우리 집을 갤러리로 활용하고자 부동산을 통해 웃돈을 제시했다지만 우리와의 약속을 지켜주었다. 좋은 집을 우리에게 양보하고 그분은 작년 우리 집 가까운 곳에 멋진 집을 지어 이사 오셨다. 여태 별다른 도움을 드린 적이 없는 우리에게 "자네 혹시 내가 도울 일 있으면 언제든 얘기하게." 하신다. 좋은 친구를 두기보다는 좋은 친구가 되는 일이 더 의미 있을 텐데 우린 줄곧 후의를 입었다.

하늘 마당! 하늘이 마당 가득 노니는 마당이 넓은 집을 꿈꿨다. 환한 햇살이 물밀듯 밀려들어 집안 곳곳을 쬐어 소박한 삶을 말려주면 좋을 집. 키가 큰 책장에 읽고 싶은 책을 빼곡하게 꽂아두고 독서로 소일할 수 있는 집. 쌉쌀보드레한 차를 마실 수 있고 들썩이는 도회와는 저만치 나앉아 있는 집을 마련하고 싶었다. 쑥대 이엉을 얹은 집에서도 호연지기를 꿈꾸며 학문에 열중한 선인들, 무릎을 겨우 들일 좁은 거처에서 빈한한 연명을 하면서도 누대의 세월 속에 더욱 빛났던 도연명의 거처. 그에 비하면 우리들이 몸담은 집은 휘황하고 복에 겹다.

하늘 아래 가장 고귀한 우정은 가난할 때의 사귐이라 한다. 벗과 사귐은 술잔을 앞에 두고 무릎을 맞대고 앉거나 손을 잡는 데에만 있지 않다. 차마 말하고 싶지 않은 것도 저절로 말하게 되는 것, 여기에 벗과의 진정한 사귐이 있다. '십 년간의 독서보다 회심의 벗과 나눈 하루 저녁의 대화가 더 낫다.'하듯 각박한 삶 속에 독서와 맞바꿀 벗이 있어 얼마나 감사한가. 새삼 돌이켜봐도 우리는 사랑의 큰 빚을 지고 있음이 여실하다.

짯짯이 읽다

1월 마지막 날이다. 새해 첫날 모악산에 올라 일출을 보며 '많이 읽고 많이 쓰는 해'로 다짐했었다. 한 달을 훌쩍 보냈다. 읽는 일은 얼마나 기쁜 고통인가. 작가의 노고를 생각하면 읽는 일은 수월수월하다.

최화경 수필가의 출판기념회 진행과 '수필 낭송' 부탁을 받고 주저없이 받아들였다. 판단과 결정은 빠를수록 명쾌하므로. 부탁거리를 두고 그분께선 분명 충분히 고민했음을 믿었다. 자신의 중요한 행사를 내가 감당할 수 있겠다는 믿음에서 하는 부탁이었을 테니. 백여

명이 넘는 문학회의 회장이 된 일, 문학상을 받은 일, 회갑을 맞은 일, 세 번째 수필집을 출간한 일 등 기쁜 일이 많았던 겹경사에 부족한 나를 들어 진행을 맡긴 일은 나의 영광이었다. 내가 할 일은 그 믿음에 부응하는 일이라 생각했다. 책 표지가 쌈박했다. 호감이 갔다. 물론 글들은 더할 나위 없을 것이다. 난 작가의 두 번째 수필집을 먼저 읽고 감동해서 첫 번째 수필집을 인터넷으로 사서 읽었다. 그때까지만 해도 서로 같은 문학회원으로 행사 때 어쩌다 마주치는 정도의 사이였다. 두 권의 수필집을 짯짯이 읽고 독후감을 쓴 경험으로 미루어 볼 때 이번 책도 신뢰가 갔다.

수필 낭송을 위해 대표작 〈낮술 환영〉을 워드로 작성하니 두 장이 되었다. 수록된 다른 수필에 비교해 짧은 글이지만 낭송하기엔 부담되는 양이었다. 우리가 수필을 쓸 땐 거의 낭송을 염두에 두지는 않기 때문이다. 일반 문학회 행사는 시간 제약이 있지만 개인이 공들여 마련하는 출판기념회는 길이에 상관없이 원본에 충실하게 낭송하는 것이 최선이라 판단했다. 한 톨도 빠짐없이 외웠다. 소리 내어 읽기 위해 점심시간에 들판으로 나갔다. 수필을 외우며 걷기를 겸했다. 내 머릿속에 각인된 '산티아고 순례'를 위해 하루 만 보 걷기, 일주일에 한 번 모악산 산행, 요가와 수영 등으로 체력 관리 중이기에 어렵지 않았다. 일거양득이었다. 걸으며 큰소리로 읽으니 조금씩 글이 입에 붙어왔다. 1주일 만에 외웠고 감정을 넣어 다듬어 나가는 데 대략 한 달여 걸렸다. 입만 열면 왼 수필이 줄줄 쏟아졌다. 결과는 차치하고 몰입으로 지샌 1월 한 달이 내내 행복했다. 관객을 배려해 눈으로 읽으며 낭송을 감상해도 좋겠다 싶어 형형색색의 예쁜 종이에 수필을 출력해 준비했다.

행사를 준비하기에 앞서 먼저 수필집을 정독하는 게 순서일 것 같았다. '원종린 수필문학상'을 받기 전 '원종린 수필가'에 대해 알고 싶어 그의 수필집을 먼저 사서 읽었던 경험을 생각했다.

시집 같은 수필집〈낮술 환영〉을 점심도 양보하며 이틀 걸려 읽었다. 책을 읽으며 다시 느낀 것은 '읽히는 책을 만드는 일'이 중요하다 싶었다. 나는 좋은 책은 처음부터 끝까지 읽는 편이다. 시각적으로도 만족스러운 수필집이다. 수록된 수필이 하나같이 짯짯하다. 개성적이지만 새되지 않다. 색깔에 대한 묘사가 컬러풀했다. 전원주택을 가진 주인의 마음을 적나라하게 간파해 허를 찔린 듯했다. 내 집 울안에 손바닥만 하게 텃밭을 일구고 잔디를 갈무리하는 수고로움이 만만치 않기 때문이다. 프랑스 철학자 가스통 바슐라르의 〈공간의 시학〉의 인용은 얼마나 적격인가. "집은 세상 속 우리들의 구석이다. 집이란 흔히들 말하지만 우리들의 첫 번째 세계다. 그것은 정녕 하나의 우주다. 우주라는 말은 모든 뜻으로 우주다. 내밀하게 파악할 때, 더할 수 없이 비천한 거주지라도 아름답지 않겠는가?" 집에 대해 살짝 부담도 없지 않았는데, "내 주변이 갑자기 귀하게 여겨지며 빨리 집에 가고 싶었다. 세상 속 우리들의 아름다운 구석으로 어서 가고 싶었다." 깊은 공감을 했다.

우리는 어려서 몰랐던 부모 맘을 내가 부모 되면 그 마음을 알게 되어 철없었던 불효에 늦은 눈물을 흘린다. 작가의 '소울 푸드'는 통틀어 가장 감동적인 글이었다. 나도 시부모님을 모셔봤지만 틀니 뺀 어머니들의 입속을 '장미꽃'으로, '모과꽃'으로 묘사한 적이 없어 죄스럽다.

> 홍어전은 얼마나 손이 많이 가는지 그 수고로움에 먹으면서도 몸이 저리다. 맛있으면 맛있을수록 더 손이 가고 정성을 쏟았을 어머님의 홍어 전은 죄송하고 미안한 음식이다. 동강이 날 것 같은 허리를 끌며 손수 준비하시는 홍어 전은 기쁘고 가슴 아픈 음식이다. 설 명절, 추석, 시아버님 기일. 일 년에 세 번 홍어 전을 하는데 내가 시집온 후엔 한 번도 거른 적이 없다. 어머님이 싸 주시는 홍어 전을 받아 들면 추석날도 어느덧 저문다. 홍어 전은 미안함과 애틋함이 포개져 더 눈물겨운 음식이 된다.

추석 무렵 친정어머니가 깍두기와 깻잎 김치를 주셨다. 아삭아삭

깍두기를 씹으면 가슴 한쪽이 싸아 해진다. 우표처럼 달라붙은 깻잎은 좀처럼 떨어지지 않았다. 짜증과 안쓰러움이 함께 몰려왔다. 양념장에 절인 깻잎이 이렇게 많을 때 생으로 있을 땐 산더미 같았으리라. 쪼그리고 앉아 침침한 눈을 껌벅이며 그걸 한 장 한 장 추려서 양념장을 끼얹었다고 생각하니 내 어깨 통증 같은 경련이 일었다. 어린 깻잎은 마치 단풍잎처럼 작았다. 이렇게 작은 것들은 귀찮아서 버릴 것 같은데 노인들의 알뜰함은 항상 우리를 몸 둘 바를 모르게 한다. 시어머니의 홍어전과 친정어머니의 깻잎 김치는 세상의 부모 마음이고 그것을 맛있게 먹으면서도 안쓰러워 짜증을 내는 것은 자식들의 도리인지도 모르겠다.

몇 달째 글 한 편 제대로 써지질 않아 혼불 문학관을 찾은 일. 사람도 그늘에 살면 생선처럼 상하기 마련일 터 내 집도 내 그늘인 듯해 북적대는 카페로 나가 글줄을 찾는 일. 햇빛이 폭포처럼 쏟아지는 땡볕에서도 꽃을 가득 피운 배롱나무의 인내를 보며 자신을 우울하게 하는 것도 훌륭한 글감이라는 깨달음. 안타깝고 그리움에, 복받치는 기쁨과 슬픔에, 음악을 듣고 영화를 보면서도 울컥하는 그는 분명 다정다감하고 감성 풍부한 작가임에 틀림이 없다. 아닌 걸 사랑하고 견딜 수 없는 걸 견디는 게 결혼생활이라는 은혼식의 단상은 얼마나 적절한 표현인가. 주말농장에서 사과나무 두 그루를 분양받아 수확의 기쁨 뒤에 농부의 맘을 헤아리는 사려와 푸진 것들 속에 가을이 다 들어앉은 풍요를 감사하는 마음. 환갑을 맞을 때까지 열심히 살아온 친구들과 함께 떠난 외국 여행에서, 세상이 아름답고 삶이 어여뻐서 눈물이 날 지경이라며 감격하는 여고생의 청순한 감성. 나는 여태 여고 동창생들과 모임은 차치하고 여행 한 번 다녀온 적 없는 타지에서 외로운 섬 생활 중이기에 부러웠다.

이번 수필집은 칼럼 분량이 반은 됨직했다. 칼럼을 쓰는 일은 일관된 소신 없이는 어려울 듯하다. 세상을 이해하고 관조하는, 사회의 잘못된 관행을 짚어내는 예리한 통찰이 필요하리라. 예사로 보되 특별하게 인식하는 능력이 부족하면 칼럼 쓰기는 쉽지 않을 일. 다양한 분야에서 많은 것을 수렴해 글로 발산하는 능력. 시사와 사회, 풍속을 객관성 있게 바라보고 바르게 읽어 내어 일침을 얹어야 공감대가 형성되는 좋은 칼럼이라 할 것이다. 최화경 수필가의 글에서는 사람 냄새가 난다. 그만큼 지인 층이 두터움을 느꼈다. 주변인이 많고 음악과 영화를 좋아하며 소리와 시를 즐기고 더불어 쓰기와 읽기를 좋아함은 더할 나위 없겠고. 이번 책에서는 뉘처럼 도드라지는 몇 단어가 몇 번 눈에 띄었다. 역정·짜증·노염 등. 분명 주변 상황이 꼭 그 단어를 쓰게끔 만들었을 터였다. 분명 작가는 틀니 뺀 시어머니 입속을 '장미꽃 같은 웃음 한가득'으로, 친정어머니의 웃음을 '꼭 모과꽃 같은 모습'으로 읽어 내는 아름다운 감성의 소유자인데도 말이다. '그 봄, 꽃의 풍장을 애도하듯 벚꽃 빗속을 천천히 걸어 당도했던 곳, 그곳엔 백석과 나타샤와 붕어곰이 있었던' 것처럼. 아, 벌써 작가의 다음 책이 고프다. 입덧하듯 울렁대는 아름다운 시를 쓰는 사람들과 세상을 읊는, 아름다우나 깔끄러운 게 글 속에서 짚이는 그런 수필집이 기다려진다.

시베리아 벌판 같은 바람을 껴안으며 뭔가에 열중해서 보낸 1월은 황홀했다.

차나무는 찻잎을 낳고

산야에 봄이 익어간다. 파릇파릇 나무에 물이 차오른다. 단풍나무 끝가지에는 피가 맺힌 듯 빨갛게 충혈이 됐다. 파랗게 또는 빨갛게 물오르는 나무, 각양의 나무들이 안간힘으로 넘치는 봄기운을 받아 마신다. 어제는 때맞춰 살포시 봄비가 내렸다. 산경은 비안개에 젖어 한 폭 산수화를 연출한다. 즐비한 나무들이 돋쳐 오르는 기운을 감내하기 겨운가보다. 약비 덕인가? 차나무가 일제히 찻잎을 낳았다. 어여뻐라! 나뭇가지 끝마다 연록 나비꽃이 떼로 피었다. 예쁘장한 새움이 날개 접어 내려앉은 나비와 영락없다. 날개를 접었는가 하면 활짝 펼쳐 상승하는 기운을 마음껏 발산하는 모습도 앙증스럽다. 싱그러운 바람이라도 불어온다면 연잎들이 일제히 날아오를 듯하다. 풀빛과 햇살로 사방은 온통 눈부신 연록의 세상이다. 골짝 물색도 맑디맑다. 만개한 벚꽃이 산색에 운치를 더한다. 한편의 벚나무 아래에는 낙화한 꽃잎으로 융단을 펼쳤다. 들풀 틈새에선 제비꽃의 가냘픈 숨소리가 갸륵하다. 이제 막 꽃피운 산딸나무 십자모양 흰 꽃은 채 푸른빛이다. 눈에 닿는 산색마다 마음이 말갛게 씻긴다. 나무들이 내뿜는 순결한 정기는 몸과 마음에 생기를 북돋운다.

숲에는 나무들이 키순으로 층층층 혼재되어 있다. 작은 키의 산죽 위로 차나무가 자리하고 그 위로 참나무 등속이, 제일 위쪽에는 키다리 편백나무가 훤칠하다. 새들의 구앳소리로 숲속 음악회가 열렸다. 익숙한 소리로 칼칼하고 낭랑하게 지저귀는 놈은 연노랑솔새인가, 씨유 씨유 맑게 반복하는 저 새는 굴뚝새가 인 듯하고. 그 외에도 재깔재깔 삐츄삐츄 가지를 옮겨 다니며 조용한 숲속을 명랑하게 채색한다. 나도 자연스레 따라서 흠흠 목을 가다듬으니 목청을 울리며 맑은 풀잎피리 소리가 울려나올 것만 같다. 세계적인 전염병은 지구촌을 무력에 빠뜨렸다. 만물의 영장이라는 수식어가 무색할 지경이다. 사람들의 일상이 일시정지 되었다. 만남도 외출도 당분간 자제해야한다. 이에 호응하며 사회적 거리두기에 동참 중이다. 매달 만나던 동호회 모임을 세 번이나 생략했다. 5월에는 모일 수 있으려나? 대재앙 앞에 온 세계가 속수무책이다. 동안 우리는 참 좋은 시절을 영위했었는데 그때는 몰랐다. 100여 일 갇혀 있던 집에서 남편과 탈출을 감행했다. 오랜만에 숲에 들었다. 마스크를 벗고 다디단 공기를 마음껏 들이마셨다. 흥얼흥얼 콧노래도 빠질 수 없다. 감사하게도 낙원으로의 나들이 아닌가.

오늘이 절기로 곡우穀雨다. 공교롭게도 일요일이라 찻잎을 따기에 시의적절하다. 봄 가뭄이 길었는데 어제 내린 봄비로 나무마다 생기롭다. 씨 뿌려 내던져둔 건 아닐 텐데도 암자 주변에 자생하는 차나무가 제법 된다. 산을 오르내리며 우연히 발견해 채취한 지 네댓 해 되었다. 대부분이 유목이다. 지난겨울, 정약용 선생의 책을 읽으며 올해는 찻잎 따는 시기를 놓치지 않으리라 다짐했다. 선생께서는 강진으로 유배되기 전부터 차 생활을 하셨고 초의선사에게 차 제조법도 전수했다. 참새 혓바닥만큼 자란 눈아嫩芽, 다산과 혜장이 만덕산에 올라 함께 찻잎을 땄듯 남편과 함께 곡우 눈잎을 땄다. 함초롬히 이슬에 젖은 연둣빛 새 순이 첫 싹을 선사해 준다. 발산되는 향이 탱천하여 주변에 낭자하다. 연두의 비린 잎이 주는 신비한 기쁨과 새들의 숲속 음악회는 더할 수 없는 무릉도원의 전경이다. 오늘 비예보가 있었기에 일치감치 숲에 들었다. 등산객은 없고 숲 전체가 우리 둘 차지다. 무념무상의 경지. 성긴 빗방울이 듣기 시작한다. 괘의하지 않았다. 곡우에 비가 오면 풍년이 든다는데. 백곡을 기름지게 하는 곡우 비를 좀 맞으면 어떠리. 어제 따 놓은 것도 있고 빗방울도 점점 굵어지니 아쉽지만 다옥한 숲을 빠져나왔다.

직장 생활을 하다 보니 해마다 곡우 절기에 맞추기가 어려웠다. 오늘처럼 곡우에 즈음해 채취하기도, 또 흩날리는 곡우 비에 젖어보기도 처음이다. 일창일기一槍一旗, 찻잎 일속이 손가락 한 마디나 될까? 따온 잎을 식탁 위에 펼치니 훅 끼쳐오는 차향과 운치, 이는 댓잎향인가 풀잎향인가. 이 세상에 없는 구별된 향이다. 초의선사 표현대로 '겨드랑이에 솔솔 바람이 일어, 몸은 가벼이 하늘로 날아오르네.'다. 가녀린 찻잎들이 더없이 고귀하다. 덖고 비비기를 반복하며 향이 흩어지지 않고 찻잎 속으로 온전히 온축되기를 바랐다. 밤이 이슥하도록 계속되는 작업에도 피곤을 잊었다. 미숙하게 만든 차, 갓된 솜씨로 무슨 차맛이 깃들까. 마음뿐이다. 지인에게 선물하기도 겸연하다. 절기에 맞춰 딴 찻잎이지만 좋은 맛을 발현시키는 일이 아직은 요원하다. 다만 정성으로 흉내를 내는 정도다.

다산 선생께선 유배된 후 건강이 많이 나빠져 차를 약 삼아 음용했다. 직접 마련이 어려워 초의와 혜장선사에게 차를 많이 얻어마셨다. 초의는 다산 선생에게 전수 받은 제다를 진경進境시켜 '초의차' 신드롬을 일으켰다. 초의 스님은 댓잎을 함께 볶아 특유의 '초의차'로 집대성했다. 다산을 정점으로 당대 최고의 명류들은 초의차을 얻고 싶어 다투어 걸명시乞茗詩를 보내 차를 청했다고 한다.

찻잎을 따고 서투른 솜씨로 차를 만들고 또 마음이 닿는 이에게 나누는 담박한 일. 이는 마음을 닦고 삶을 갈무리하는 내 나름의 방법이다. 오늘 하루 찻일을 통해 또 얼마간 세상살이에서 섞여 살아갈 기운을 얻는다. 남편과 우러난 밝은 연록 빛깔 차를 한 순배 든다. 감질나게 부어진 찻물이 더없이 깊어 보인다. 은은하고 달금한 맛이여. 가멸은 향기로움이여. 인생이여.

책 읽는 여름

여름이야말로 독서의 계절이 아닌가. 밤보다 낮이 긴 탓이다. 요즘은 잠보인 내가 평소보다 시간 반은 일찍 일어난다. 새벽 한유는 별미다. 데크 아래로 내려서면 좁은 앞마당이 있다. 측백나무와 소나무, 주변 수풀에서 풍겨오는 숲의 향기에 나의 허파도 행복하리라. 우뚝 선 가로등의 까무룩 한 불빛에서 밤샘 수고의 피로가 읽히지만 그저 그뿐 가로등은 큰 불평이 없다. 어깨를 겯고 있는 일곱 집을 위해 온밤 하얗게 보초를 서는 골목 지킴이. 생색 없는 가로등의 노고가 새삼 고맙다. 아침 준비하기까지는 겨를이 있다.

천하에 책이 없다면 몰라도 당장 읽고 싶은 책이 넘치고 아무런 거리낌 없이 짧은 시간이나마 책을 펼 수 있으니 얼마나 행복한가. 새벽의 글맛도 꽤 괜찮다.

봄이 시작될 무렵 느닷없는 '왼발 골절상'은 동적動的인 활동에 제약을 주었다. 노란 먼지처럼 우울했다. 하루 '만 보 걷기'며 등산, 좋아하는 수영과 요가도 할 수 없었다. 뼈가 붙을 때까지 기다려야 했다. 뼈가 붙은 후에도 매일 한방치료와 물리치료를 받으며 움직임을 자제했다. 골절상에는 시간이 약이었다. 정적靜的인 시간을 활용하기 위한 돌파구가 필요했다. 책을 통해 그 실마리를 찾았다. 강원국 작가의 책을 읽던 중 고전을 연구하고 역사평론을 하는 한정주 작가를 알게 됐다. 사학을 전공했고 고전·역사연구회 대표로 뭣보다 자칭 '이덕무 마니아'여서 더 관심이 갔다. 많은 저서를 다 읽어보고 싶을 만큼 매료됐다. 고전을 읽다 보면 갑갑하던 우울을 훨훨 날려버릴 수 있을 것이다.

《글쓰기 동서대전》은 700여 쪽에 달하는 방대한 작품집으로 집필기간만 2년이 걸렸단다. 조선을 비롯해 중국과 일본 서양의 글쓰기를 교차 비교했고, 유사성과 차이점에 대해 필자 나름의 해석은 물론 철학이 가미된 책이었다. 고전이라면 일단 어려워 접근하기가 쉽지 않다. 이 작업이 돋보이는 것은 시대를 초월하여 강한 맥놀이를 일으키는 고전을 독자들이 수월하게 접하고 감상할 수 있도록 지난한 번역작업을 감수해 줌에 있다. 18세기를 중심으로 멀게는 14세기에서 최근 20세기까지 동서양의 내로라하는 인문학자들의 문집을 망라해 소개했다. 인문학의 르네상스 시기라 명명하는 조선의 18세기는 '위대한 백 년'이라 일컫는다. 접하지 못했던 숱한 작품들과 문장가들의 글을 대하니 이 계절에 넘치는 선물을 받은 듯 감개무량했다.

필자는 동서양 글쓰기 천재 39명의 저술과 언행, 문집을 두루 섭렵하여 집필하는 동안 공통의 가치를 발견했단다. 한 시대를 풍미한 그들에게서 관통하는 핵심가치는 '개성'과 '자유'와 '자연'이었으며 이는 곧, '자기다움'과 '자유로움'과 '자연스러움'으로 해석했다. 동서고금을 초월해 일가를 이룬 문장가들은 독창적이고 독보적인 자신의 글을 썼다는 것이다. 홀로 자신만의 글의 세계를 개척해 박지원다운 글을 썼고 이덕무만의 글을 지었다. 소세키의 개성적인 풍자 글, 원매의 고유한 산문집, 바쇼 특유의 하이쿠 소품들. 그들은 타인의 글을 탐독하고 연구하였지만 모방하거나 답습, 흉내를 내기 위함이 아니라 자기만의 글의 세계를 찾기 위해, 스스로 깨닫고 터득하기 위해서였다. 이름하여 '낯설게 하기'와 같은 맥락으로 생각된다. 다소 구성이 거칠고 논리가 투박하며 문법이 불완전하고 수사가 초라하며 형식이 결점투성이라도 자신에게서만 나올 수 있는 독특하고 독창적인 글을 짓는 것이 가치 있는 일이라고 역설한다.

이덕무는 어린아이의 지혜와 식견이 때로는 어른들이 결코 표현할 수 없는 묘한 경지에 들게 한다고 탄복했다. 어린아이의 천진함을 높이 칭송하며 그의 아우 '정대'가 아홉 살 때 일을 소개했다. 이덕무는 아무리 어린 나이의 동생이라도 말과 표현 하나하나에 귀 기울여 듣고 글로 옮겨 적어 두곤 했단다. 어른의 세계에서는 도저히 들을 수 없는 말과 표현이었기 때문이리라.

> 내 어린 아우 정대는 이제 겨우 아홉 살이다. 타고난 성품이 매우 둔하다. 정대가 어느 날 갑자기 말했다. "귓속에서 쟁쟁 우는 소리가 나요." 내가 물었다. "그 소리가 어떤 물건과 비슷하니?" 정대는 이렇게 대답했다. "그 소리가 동글동글한 별 같아요, 보일 것도 같고 주울 것도 같아요." 내가 웃으면서 말했다. "형상을 가지고 소리에 비유하는구나. 이는 어린아이가 무의식중에 표현하는 천성의 지혜와 식견이다. 예전에 한 어린아이가 별을 보고 달가루라고 말했다. 이와 같은 말 등은 예쁘고 참신하다. 때 묻은 세속의 기운을 훌쩍 벗어났다."
>
> — 이덕무 〈이목구심서〉

이탁오는 중국의 문장가이자 철학자였다. 자신이 저술한 책을 가리켜 '불살라야 할 책',《분서焚書》, '감추어야 할 책', 《장서藏書》라 부르니, 중국 철학사를 통틀어 가장 문제의 인물이자 사상적 이단아였다고 한다. 1590년에 출간된 그의 책 《분서》에서 '동심설童心說'을 통해 "천하의 명문은 동심에서 나오지 않은 것이 없다."고 주창했다. 그는 "아아! 나는 어떻게 해야 동심을 잃어버리지 않은 진정한 대성인을 만나 한마디의 말과 한 구절의 문장이라도 함께 할 수 있을까?" 며 탄식했단다. 일부러 글을 쓰려고 힘써 감성을 자아내기보다는 가슴속과 목, 입에 오래도록 묵히거나 쌓아 두라고 한다. 참거나 막을 수 없이 저절로 치솟아 나올 때가 되어서야 옥구슬과 같은 문구를 토하듯 뱉어내라 말한다. 그래야 비로소 하늘의 은하수처럼 찬란하게 빛나는 천연의 문장을 짓게 된다니, 내게도 정말 그런 때가 올 수 있을까 싶다.

대장정은 쇼펜하우어의 문장론으로 마무리했다. 쇼펜하우어는 독서란 자기 사상을 만드는 에너지의 공급원이라고 강조한다. 독서라는 에너지를 바탕 삼아 자기 사상을 만드는 것이야말로 참된 독서법이라는 것이다. 독서의 재료와 대상 즉 텍스트를 단지 책과 문자에만 국한하지 말고 세계로 확장해야 한다는 것. 세상 그 자체를 주요한 텍스트로 삼아 책도 읽고 글도 쓰라는 주장이다. '세상'이라는 폭넓은 책을 읽으라는 것이다. 결국 우리 얼굴이 살아온 세월의 축적

된 결과인 것처럼 자신의 문체는 사색과 자득의 과정이 누적된 결과물이므로. 쇼펜하우어는 독서와 사색과 글쓰기는 하나라는 견해다. 그렇듯 스스로 힘으로 자신만의 깨달음을 얻게 되는 그 순간 사람은 돌에서 별이 된다고 말한다. 쇼펜하우어는 그렇게 별이 된 철학자라고 저자는 '자득의 힘'을 강조했다.

작가는 《글쓰기 동서대전》을 완독하는 수고로움을 감수한다면 글쓰기의 철학과 비결 즉 개성적이고 자유롭고 자연스러운 글쓰기에 한발 다가서리라 호언장담했다. 1주일 걸려 완독했지만 다가섰기보단 오히려 모호하다. 다만 그 길을 지향할 뿐이다. 사색을 통해 사색을 녹여 간결한 문체와 적확한 표현의 글쓰기! 그저 내겐 요원하게만 느껴진다. 책을 읽다 보면 그 속에서 일어나는 연쇄반응이 있다. 책 속에서 책을 발견한다. 공저까지 해서 책 열두 권을 샀다. 책 읽는 여름이 내내 행복하다. 혹서의 여름나기는 힘겹지만 평일에는 에어컨이 있는 사무실에서 휴일에는 도서관에서 책을 읽을 수 있으니 얼마나 감사한가. 읽을 책이 줄 섰으니 내겐 이 여름이 더디 가도 무방하리라.

2

쉰아홉 살, 머리로 서다

11월의 연가
두물차茶를 따며
모국어 사랑
브라보 봉준호!
쉰아홉 살, 머리로 서다
몽골을 필사하다
이모! 고마워요

11월의 연가

11월의 아침은 두드림이다.

마당의 인기척에 현관문을 열었다. 문 앞에서 기다렸다는 듯, 담쟁이넝쿨 몇 닢이 다짜고짜 밀고 들어선다. 계단 아래에는 뜀뛰기를 수도 없이 시도하였을 감잎 한 무리가 제 무게에 겨워 계단 턱을 오르지 못하고 치어다보고 있다. 입동이 지나니 잎들의 어미도 기력이 다했는지 제 자식들을 순하게 놓아주고 있다. 놓여난 잎들은 마당 보도블록 옴팡한 곳에 모여 두런거리기도 하고 수돗가 귀퉁이에 자리를 잡고 궁상을 떠는가 하면, 이따금 부는 바람에 이리저리 몰려

다니며 지정머리를 쳐 댄다. 낙엽들은 밤새 찬바람에 떨며 우리 집 거실 쪽을 기웃거리다 문이 열리기 바쁘게 머리부터 디밀고 들어선 것이다. 그래! 너희의 두런거림 때문에 나는 온밤을 괭이잠 자며 뒤척였나 보다. 그렇다 한들 실내에 머물 곳을 마련해 줄수가 있겠니? 엊그제까지만 해도 절정의 가을빛을 끌어당기고 있던 잎들이 밤새 우르르 내려앉았다. 허접스럽게 돌아다니는 그네들을 쓸어 모아 감나무 아래로 갔다. 이효석의 글귀가 떠올라 '커피 볶는 냄새'에도 젖어보며 그들 순환의 완성을 위해 내가 할 일은 정갈히 태워 뿌리로 되돌려 주는 일. 그 일을 부탁하려고 고요한 이 아침을 노크했구나.

11월의 산행은 돌아봄이다.

치열하게 들끓던 볕기가 연두에서 갈맷빛 잎들로 키워내더니 이 가을, 붉고 까만 결실도 함께 주었다. 날마다 새 얼굴인 숲에 들었다. 그는 언제나 대여섯 걸음 앞서 걷는다. 자잘한 다정함보다 묵묵히 앞서가며 한 번씩은 뒤돌아본다. 잎눈을 틔워 야들야들하던 여린 잎들이 짙푸른 잎이 되고 알록달록하게 단풍이 들어 낙엽이 되어가는 과정을 우리는 함께 지켜보았다. 나무 중에는 꽃을 피워 꽃다운 향기를 선사하는 마당의 수수꽃다리가 있는가 하면, 유달리 예쁜 단풍으로 감탄을 자아내는 고로쇠나무도 있다. 숲 속에 노란꽃단풍이 폈다. 꽃전등 아래 잠시 머물며 환한 빛 부심에 젖어본다. 산마루

터기에 올라서니 청량한 벌판 바람 천지다. 주름진 산등성이마다 소나무 푸른빛이 도드라져 보인다. 줄걱지를 적나라하게 드러낸 활엽수들의 위상이 늠름하다. 잎 진 고적한 군락 새로, 곧게 추켜 자라는 낙엽송들만이 잎을 매달고 덩덩그렇게 역광으로 황금빛을 뿜어내고 있다. 여력을 그러모아 황량한 절기를 장식하는 자태가 책임감을 다하는 가장家長, 그의 모습과 닮았다.

11월의 하늘은 그림판이다.

푸른 하늘이 웅숭깊기도 하여라. 하늘은 참으로 곱고 멋진 구름 모양을 만들어 낸다. 가을 하늘에 떠 있는 구름의 선명함, 구름조각은 자유로운 듯이 맑게 갠 하늘에 유유히 피어났다. 구름 덩이 한 무리가 따뜻한 지역으로 이동하는 철새 군락처럼 떼를 지어 흘러간다. 먼 하늘의 구름이나 머리 위의 것이나 구름은 한가지로 흘러만 간다. 뒤엉키고 흩어지며 뭉개고 다시 그리는 유연한 그림 솜씨. 나도 구름처럼 엄마의 얼굴을 그려본다. 엄마를 생각하면 콧마루부터 시큰해진다. 일흔여섯의 연세에도 편히 계시지 못하고 일을 다니신다. 평생을 움찍거리며 살아온지라 집에서 쉬는 것보다는 나가서 이야기도 하고 움직이는 게 훨씬 낫다고 하신다. 지난여름 아버지 기일에 뵌 엄마는 한층 쇠잔해진 모습이었다. 곁에서 다정스레 수발을 들어 드리지도 맛있는 음식을 마련해 드리지도 못하는 큰딸에게 서운도 하실 텐데 엄마는 늘 '괜찮다 괜찮아.' 하신다. 새봄이 오면 엄마랑 며칠 짧은 여행이라도 다녀올 생각이다.

인생은 슬프고도 아름다워라. 꾸무럭한 날씨가 펑펑 함박눈이라도 내릴 낌새다. 사무실 뒤켠 손바닥만 한 논에는 군데군데 던져진 볏단들과 빈 그루터기가 황량하다. 밭둑가에 꽃잎 다 날린 무리 진 억새가 저물녘이 다 되도록 손을 흔들고 섰다. 은혜로운 늦가을 햇살이 고적해 하는 모두에게 축복으로 내리쬐기를 빌어본다. 달랑 가벼워진 달력을 보니 넘쳐나던 시간이 엉거주춤하는 사이 슬몃슬몃 다 빠져 달아나 버렸구나 싶다. 수많은 시행착오와 우회를 거쳐 들어선 지천명의 길목. 이젠 잉걸불 같던 열정도 세월의 여과로 순화된 산문散文 같은 나이가 되었다. 잊거나 잊어버린 시절을 불현듯 떠올리며 그리움이 더하는 계절! 환호를 받으며 우월해 하던 젊음의 뒤안길에 들어섰다고 뭐 그리 쓸쓸해 할 이유가 있는가. '문학적 영감'보다는 성실한 노력이 더 훌륭한 덕목이리니.

두물차茶를 따며

차茶를 만드는 일에서 인생의 다양한 은유를 발견한다. 잎을 따고, 덖고, 비비고, 갈무리하는 그 모든 찻일은 삶의 은유를 발현發現하는 일이다. 차나무의 겨울나기를 생각해 본다. 혹한의 겨울이 차나무에는 고된 시련의 시기일 것이다. 옮겨 앉을 수도 피할 수도 없이 붙박이로 서서 오롯이 북풍한설의 큰 추위를 이겨내야만 새봄을 맞을 수 있다. 계절이 바뀌자 봄기운을 입은 차나무가 단단한 가지를 트고 눈록嫩綠의 싹을 낳았다. 비바람을 견디며 안으로 응축시킨 기운이 연둣빛 꽃을 피웠다. 힘겹게 피워 올린 여린 차 움이 창끝보다 강하다.

휴일에는 이상하게 더 일찍 잠이 깨어진다. 숲에서 밤을 고스란히 보낸 새떼가 내 뜰로 날아들어 아침을 노래한다. 데크로 나가보니 앞, 옆집은 아직 일어난 기척이 없다. 나뭇가지 위에서 저이들만 분주하다. 숲에 두고 온 가족을 데리러 가는 지 한 무리는 몰려가고 또 떼로 몰려온다. 나무에 '새꽃'으로 피어선 즉석 음악회를 연다. 제각각 고유한 음색으로 하모니를 이루니 잠이 저만치 달아나 버렸다. 이른 아침 공기가 상쾌하다. 찻잎을 따기에 제격인 날이다. 봄이 시작되고부터 첫물차를 따러 가려 벼르던 중에 작은 사고가 있었다. 기다림이 무색하게 왼쪽 발이 골절되어 깁스 상태로 두 달을 묶여 지냈다. 붕대를 풀어 던지니 날개를 단 듯이 홀가분하다. 바야흐로 '망종' 절기다.

밀과 햇보리를 수확하고 자란 볏모를 내는 '망종' 절후. 두물차를 따는 철이다. 산야는 잎의 계절, 경계를 넘나드는 바람처럼 어수선한 마음을 갈앉혀 잎들의 잔치에 든다. 웅숭깊은 편백 숲에서 그들의 치열한 직립을 읽는다. 간간이 섞인 낙엽송과 편백이 하늘 끝까지 치달아 볼 기세로 우뚝하다. 키다리 나무 아래 차나무가 늘비하다. 지난밤 까만 밤을 밝혔던 별들이 지상으로 내려와 이슬로 맺혔나 보다. 찻잎에 얹힌 밤이슬이 자연하다. 산골짝 양지바른 이곳이 차나무 자리로는 최적의 처소인 듯하다.

새들이 들려주는 노랫소리에 차 따는 일이 흥겹다. 새들은 대부분 여름철이 번식기다. 저들은 매력적인 음색을 높여 구애에 열중이다. '삐잇 삐잇, 쮸잇 쮸잇, 삐삐삐삐삐, 삐이 쓰 삐이 쓰, 쯔르르르르' 제각각의 악보대로 소리관이 터질 듯이 뿜어낸다. 새들의 향연과 새순을 지를 때마다 풍기는 풀 향이 온 숲에 진동한다. 잠시 차 따는 일을 멈추고 나무에 등을 기대고 앉았다. 자연교향악에 귀를 열고 깊은 호흡으로 숲의 소리에 젖어본다. 어느덧 나도 숲속 생명과 혼연일치가 된 듯 흔연하다.

허리춤에 묶은 보자기가 걸음을 옮길 때마다 허벅지에 묵직한 무게를 전한다. 두 손 가득 움켜잡은 풍성한 부피감에 감사가 넘쳐난다. 숲은 언제나 은혜롭다. 늘 일방적으로 베푼다. 감사하게 받아서 더불어 나눌 이웃을 그려본다. 이번 것은 두물이라 좀 자란 잎이다. 찻잎 장아찌를 만들어볼까. 망에 넣어 한 이틀 소금물에 담가 떫은 맛을 빼야 한다. 매만진 잎은 달인 간장으로 다시 한동안 재워두면 서서히 익어 일품의 맛을 품게 된다. 찻잎이 온축된 향을 품은 차茶로 거듭나려면 불솥의 뜨거운 열기를 견뎌내야 하듯 깊은 맛이 밴 찻잎 장아찌로 거듭나려면 기다림의 시간이 필요하다.

인생도 기다림의 연속이다. 차를 달이는 일은 기다림을 익히는 일이다. 주전자의 끓인 물을 '숙우'에 따라 잠시 식기를 기다린다. 사락사락한 차를 덜어 '다관'에 넣고 물을 부어 우러나기를 기다린다. 빈 잔을 앞에 놓고 한 잔의 차를 기다린다. 기다림은 인생의 질서를 체득하는 과정인 듯하다. 차를 기다리는 동안 생각을 맑히고 얽힌 인간사를 풀 혜안도 궁구한다. 찻물 따르는 소리에 귀를 씻으니 갈앉은 마음에서 배려심이 샘솟는다. 기다림을 배우는 동안 나도 더불어 발효되는 듯하다. 소금물에 이틀 잦힌 찻잎을 질항아리로 옮겼다. 차돌 누름돌을 얹어 들뜨지 않도록 꼼꼼하게 조치했다. 이제 익기를 기다리면 된다.

맏물 때를 놓쳐 두물차를 땄다. 다친 발의 회복이 더뎌 답답했었다. 불편을 무릅쓰고 찻잎을 따러 내달리고도 싶었다. 성마르게 실을 바늘허리에 묶고 바느질할 수 없듯 뼈가 붙기를 기다릴 수밖에 없었다. 붕대를 감고 묶여 지낸 시기는 불편함을 통해 기다림의 미덕을 깨닫는 계기가 됐다. 자녀들의 생각도 느긋이 성숙하기를 기다려야 하고 남편과의 불화도 소통의 시기를 기다리는 일이 최선이었다. 이제 얼마간 기다리면 맛이 잘 배인 찻잎 장아찌가 숙성된 맛으로 기다림의 노고에 답을 줄 것이다.

모국어 사랑

빈 사무실에 출근하면 다붓하게 앉아 우리말 사전 서너 장 읽는 것으로 하루를 시작한다. 이른 손님이 있거나 걸려온 전화 통화가 길어지는 날엔 좀 차질이 생기기도 한다. 날씨가 맑고 소리가 밝은 청명일. 오늘처럼 아름답고 청명한 봄날 아침에, 차 한 잔과 함께 책을 펼 수 있음이 얼마나 감사한가. 지난 겨울은 쩡쩡 에는 추위는 고사하고 함박눈이 두어 번 흩날리더니 수월수월하게 겨울을 났다.

계간지 '아시아'는 아시아 작가들의 다양한 작품을 소개한다. 문학으로 승화시킨 낯선 정서 속에 각양의 삶이 들어 있다. 글을 통해 때때로 공감하고 감동한다. '팔레스타인의 계관시인'이라 칭송받는 마흐무드 다르위쉬는 팔레스타인의 민족 시인이다. 태어나 여섯 살 때까지 살았던 고향 땅 갈릴리. 전쟁으로 인해 이스라엘이 건국되면서 갈릴리를 떠나 유랑생활을 하게 되었다. 어린 시절 짧은 추억 속의 집에 대한 그리움이 일 때라든가, 떠도는 삶의 고단함 속에서도 "나는 어디에서 아침을 맞이하든 아랍어 사전을 네 쪽씩 소리 내어 읽는다." 했다. 예닐곱에 시작된 유랑이 그의 삶을 평생 길 위에 두었지만, 모국어를 끝없이 되새기고 확인하는 모습에서 모국어 사랑의 경건함이 피어난다.

원종린 님은 1960년대 [현대문학]으로 등단하여 왕성한 문학 활동을 한 수필가다. 출간한 수필집을, 대학 강단을 퇴임하며 7권의 전집으로 엮어 대학도서관과 지역의 각 도서관에 기증했다. 지난가을 나도 요행으로 그분의 아드님을 통해 한 질을 선물로 받았다. '노문학 청년' '연공상을 받으며' 등 그의 작품은 풍자와 익살이 돋보였다. 일본 유학 중 학도병으로 징발되었고 중경 임시정부 망명을 모의하다 탄로가 나 이태원의 육군구금소에서 옥고도 치렀단다. 밑줄 그으며 읽었던 그 글을 다시 새겨본다. "나도 각종 사전을 애용하는 편이지요. 그럴 때마다 수필이 말로 짜는 옷감이라 생각합니다. 절제된 표현, 세련되고 구수한 표현, 기지와 해학이 돋보이는 표현 등이 매력 있는 명문이 아닐까요. 글 쓰는 이들은 사전의 애독자가 되어야 합니다." 그분의 작품들은 그의 주장처럼 해학 넘치는 글이 밑바탕을 이루고 있었다.

20대 시절, 강릉 '해변시인학교'에서 뵌 황금찬 시인께서는 시詩공부를 하려면 습작시 100편을 써서 찾아오라고 하셨다. 아쉽게도 그 문턱을 넘지 못했다. '봄이 오면' 동요를 즐겨 부르시더니 진달래꽃이 만발한 봄날, 꽃길 따라가셨다. 사람의 수명 중 최상의 수명이라는 상수上壽(100세)에 영면하신 선생님은 39권의 시집과 수필집 25권, 모국어로 빚은 8,000여 편의 시와 수필을 남기셨다.

〈한글〉이라는 시詩에서는,

아버지와 어머니가/ 내게 가르쳐주시던/ 한글
그 글자 속엔/ 어머니의 음성과 아버지의 음성이/
지금도 숨 쉬고 있다/ 한글은 모국어의 집이다

우리글로 이룬 엄청난 시와 수필을 보더라도 깊은 모국어 사랑을 짐작할 수 있다. '봄밤엔 잠이 오지 않아 목련꽃 가지에, 창호지 초롱에 불을 켜 달아놓고 새벽이 올 때까지 편지를 쓴다.' 던 시인. 일생토록, 100세가 되도록 일관되게 걸어오신 모국어 사랑의 순정을 확인한다.

산천은 꽃 천지다. 풍족하고 아름다운 이 땅에서 어쭙잖게 글을 쓴다는 시늉을 하면서도 얼마나 정성과 땀을 깃들였는지 돌아본다. 이에 변방에서 더 머뭇거리지 말고 저 강심을 향해 나아가야 하리. 모국어의 결을 따라 그 뜻을 깊이 살피고 익히며 수렴하고 발산하는 수행의 장에 기꺼이 동참하리라.

브라보 봉준호!

'가장 개인적인 것이 가장 창의적인 것'처럼 가장 한국적인 것이 가장 세계적이다. 해마다 연말연시가 되면 한해를 결산하고 새해를 맞는 행사들로 흥성거린다. 언론과 방송사에선 특집퍼레이드 일색이다. 세계적인 영화제 소식도 흥미롭다. 올해는 그런 세밑 특유의 들뜬 분위기가 다소 가라앉은 느낌이다. 중국 '우한'에서 발병한 '코로나 바이러스'가 온 지구촌으로 전파되어 위축된 듯하다. 대부분의 국민은 방송사의 안내와 정보에 귀 기울이며 사태가 잠잠해지기만 고대하고 있다.

새해까지 이어진 침울한 분위기를 일거에 반전시킨 우리의 영웅이 있었으니, 봉준호 영화감독이다. 한국 영화 역사상 전무후무할 수상 소식은 남녀노소를 망라한 우리들의 자긍심이 되었다. 대한민국의 아들임이 자랑스럽고 그와 같은 민족임이 느꺼웠다. 봉준호 영화감독, 자랑스러운 한국인이다.

봉준호 감독의 영화 〈기생충Parasite〉은 2019년 5월 개봉되었다. 한국 영화 100년을 축하하듯 프랑스 칸영화제에서 최고상인 '황금종려상'을 수상했다. 그러나 이는 서막에 불과했다. 아카데미상을 수상하기 전까지 해외 57개 영화제에 초청돼 19개 영화제에서 다양한 상을, 트로피만 127개 수상했다. 백인 우월이 팽배한 본토 앞마당에서 그의 수상 레이스가 경이롭기만 하다. 올해는 세계적인 권위를 자랑하는 제92회 아카데미시상식에서 오스카 최고의 영예인 '최우수 작품상'을 비롯하여 '국제영화상' '각본상' '감독상' 등 4개 부문을 휩쓸었다. 또 미국의 '전미 비평가협회 작품상'을 받았고 아카데미상과 쌍벽을 이룬다는 '골든 글로브 외국어영화상', 미국 배우조합상 시상식에서 '앙상블상', 작가조합상 시상식에서 '각본상', 영국 아카데미상 시상식에서 '오리지널 각본상'과 '외국어영화상'을 받기도 했다.

천만 관객의 돌파 소식을 접하고도 나는 차일피일 관람을 미루다 기어이 수상 소식을 접했으니 얼마나 미련한가. 아시아의 조그만 나라에서, 보수입네 진보입네 하며 정치적 잣대로 문화예술인을 편 가르고 관리하는 처사를 어떻게 해석해야할까. 봉준호 감독도 블랙리스트에 올랐었다. 지금 우리나라는 더할 나위 없고 세계인들은 진정한 영화인 '봉준호 앓이'로 열광하고 있다. 열두 살에 영화감독의 꿈을 꿨고 생의 모든 초점을 일관되게 '영화인'으로 맞춰 살아왔단다. 꿈을 가진 지 40여 년이 흘러 지구촌 영화인들이 인정한 세계적인 영화감독으로 우뚝 자리매김했다.

둥글둥글한 그의 얼굴에서 풍겨오는 정겨움이라든가 환한 미소, 겸손하게 당당한, 소심하고 어리수굿해 뵈는 영화광, 진솔하면서도 재치 있는 그의 말들에 매료된다. 어렸을 때부터 항상 가슴에 새겼던 거장의 말이 있었단다. "가장 개인적인 것이 가장 창의적이다."는, 존경하던 '마틴 스코세이지' 감독과 함께 수상 후보에 올랐고 그의 코앞에서 최고로 영예로운 상을 받았으니 얼마나 벅찼을까.

영화 '기생충'은 지극히 한국적인 이야기다. 백수로 살아가다 우연히 박사장 저택으로 가족 전원이 취업해 그들에게 기생하는 이야기 전개가 그럴 연했다. 무료 와이파이 전파를 잡으려고 이리저리 고군분투하는 제시카와 기우, 피자 포장 박스 조립을 하며 살아가는 막막한 생활, 무심결에 손가락을 까닥이며 따라 하게 만드는 제시카

송, 짜빠구리 등. 특유의 적나라한 주거문화와 빈부격차의 문제점을 예리하게 부각했다. 평지 아래에 위치한 반지하방의 열악한 주거 환경과 지상의 초호화 주택과의 대비가 극명하다.

> 선인장 가시를 입에 물고/ 여인은 반지하방 창문을 노려본다
> 창밖 수평으로 펼쳐진 마당에 어느덧 봄빛이 번져가고 있다
> 두 손으로 부풀어 오른 배를 쓰다듬으며 /여인은 낮게 웅얼거린다
> 그 새낀 죽었어, 하지만 / 나는 너를 꽃피우고 말 거야
>
> — 남진우, 〈선인장〉

'비에 대한 단상'도 지상과 지하는 판이하다. 저택의 비 오는 날은 먼지가 씻겨나가 맑은 하늘과 공기가 신선해서 좋지만, 반지하방은 물에 잠겨 물바다가 된다. 우리가 사는 이 지구별에 빈부격차가 없는 나라가 어디 있던가? 영화를 관람한 외국인들이 반지하방 순례를 하러 온다니 웃지 못할 현실이다.

그의 성취에는 많은 숨은 공로자들이 있을 것이다. 그중 간과할 수 없는 두 분이 있었으니, 한국에서 20년이나 산 미국인 번역가 달시 파켓과 통역을 맡은 최성재(샤론 최)가 그들이다. 또한, 봉준호 감독이 '기생충'이란 작품으로 크게 주목을 받게 되기까지는 끊임없는 그의 노력이 있었음은 말할 나위 있겠는가.

음악계의 싱어송라이터처럼 혼자서 각본·각색·연출·그림 콘티를 다 해내는 '일인다역'을 감내했다. 열정적으로 공부했을 테고 치열하게 연마된 한국영화아카데미 출신 감독이란 점이다. 세계는 지금 섬세한 연출로 빚어낸 봉준호 감독의 한국적 이야기의 마력에 매료됐다. 그는 칸영화제에 처음으로 초청을 받은 지 다섯 번째 만에 최고상인 황금종려상을 받게 되었다. 2006년에는 감독주간에 그의 '괴물'이 초청을 받았고, 2008년에는 '도쿄!', 2009년에는 '마더'가 각각 주목할 만한 시선 부문에 초청되었다. 경쟁 부문에서는 2017년 '옥자'가 처음이었다. 글로벌 프로젝트로 제작된 봉준호의 '설국열차'는 세계 최초 월드 프리미어 상영이 아닌 작품인데도 2014년 베를린 국제영화제에 공식 초청되었다.

이런 노력 끝에 오늘의 영광을 차지한 것이다. '코로나19'의 범세계적인 대유행으로 지구촌이 앓고 있다. 그의 쾌거는 우리 모두에게 기쁨과 얼마간의 치유를 선사해줬다. 브라보 봉준호 감독! 파이팅 대한민국, 만만세다!

쉰아홉 살, 머리로 서다

쉰아홉 살, 지금이 내 생애 가장 젊은 날. 어제까지 산 자들이 그토록 원하던 오늘이다. 퇴근하고 요가원에 왔다. 빈 몸과 맨발로 매트 위에서 만나는 조용한 수행, 요가와 친구가 되었다. 요가의 기본 아사나(요가의 자세) 중에 '아사나의 왕'이라 불리는 동작이 있다. '시르사사나(물구나무서기)', 머리 서기 자세다. 드디어 쉰아홉에 '머리 서기'에 성공했다. 중력을 거슬러 머리로 디디고 하늘로 곧추섰다. '머리 서기 자세'에 열망했었다. 내게 '요가는 곧 물구나무서기'로 귀결되었다. 머리와 팔꿈치로 바닥을 딛고 어깨와 목, 복부 근육을 이용해 버틴다. 하늘로 다리를 들어 올리는 일은 근사한 도전이었다. 허공에서 나는 무한 자유다. 가볍고 허허롭다. 이 느낌, 꽤 좋다.

십여 년 전 텔레비전에서 본 어떤 이의 물구나무서는 모습이 아주 인상적이었다. 얼마나 수련하면 머리로 설 수 있을까 싶었다. 물구나무로 서서 보는 세상이야말로 아주 특별할 것 같았다. 나도 그 반열에 끼고 싶었다. 그날 이후, 십여 년이 흘러 요가를 시작했고 드디어 거꾸로 서기에 이르렀다. 저쪽에서 다리를 꺾었다 올렸다 하는, 머리로 서서 부들부들 떠는 나보다 한 단계 앞선 선배가 보인다. 낑낑대며 안간힘으로 섰다가 나자빠지는 이도 있다. 벽을 의지해 연습하는가 하면, 기껏 섰다가 '내장이 울릴 정도'로 바닥으로 내리쏟아지기도 한다. 수십에서 수백 번의 낭패감을 맛본 다음에야 거꾸로 서서 여유롭게 주변을 살필 수 있게 된다.

이순耳順이 코앞이니 쏜살같은 세월이 체감됐다. 이즈음 새로운 국면을 모색하고 싶었다. 잘살고 있는지 이대로 좋은지 도무지 오리무중이다. 선명하게 뭐 하나 내놓을 것 없이 하루하루를 소모하는 것 같아 허우룩했다. 적당히 편안하고 타성적인 나날. 직장 일도 그렇고 지지부진한 글쓰기도 다를 바 없었다. 터닝포인트를 찾고 싶었다. 요가의 나라 '인도' 관련 책을 읽다가 수행자의 모습에 눈이 갔다. 퍼뜩 의식을 낚아챘다. 오래전부터 선망하였지만 사정이 여의치 않아 가슴 밑바닥에 묻어두었던 게 요가였다. 더 미룰 이유가 없었다. 섬광처럼 찾아든 순간이 숨 막히도록 기뻤다. 고민하고 헤매다 길을 찾은 기분이랄까. 그렇게 수련한지 2년 차다. 요가는 결과보다 완성을 향해 나아가는 길에 더 큰 의미가 있지 않을까. 그게 매력이다. 요가뿐이랴. 정답이 없는 인생, 요원한 글쓰기, 완성이 없는 요가, 그렇듯 그들은 서로 닮았다. 머리 서기 자세만 해도 7가지나 되는 요가, 끝없이 나아가면 가까워질 수 있을 터, 서두르지 말고 지긋이 임하면 되리. 또 다른 동작에 담대하게 도전한다. 수련에는 숨쉬기부터 동작 하나에도 정성과 마음을 다해야 한다. 요가 동작을 익히는 일을 허투루 대할 수 없는 이유다. 읽고 쓰는 일과 일상이 된 요가는 평생 친구로 더할 나위 없다.

요가는 할수록 묘하다. 아프고 힘들다. 동작 하나 제대로 되는 게 없다. 왼쪽 오른쪽 틀리면서 허둥대며 따라가기 바쁘다. 땀을 뻘뻘 흘리면서도 포기하기 싫은 이 신비한 중독성. 해서 과정에 방점을 두고 싶다. 욕심을 부리지 않고 내 몸이 닿는 곳까지만 간다. 시나브로 나아지는 자신을 느낀다. 선생님은 처음부터 동작보다 숨쉬기를 강조하셨다. 속으로, '늘 쉬는 숨을 뭘 새삼스레?' 싶었다. 숨쉬기는 쉬워도 '바른 숨쉬기'는 어렵단다. 오늘도 선생님은 "숨 쉬세요! 숨 쉬세요!"를 다그친다. 그러고 보니 동작이 어려울 때마다 나는 숨을 꾹

참고 있었다. 말씀처럼 억지로라도 귀에 들리도록 큰 숨을 쉬며 하는 동작이 훨씬 나았다. 바른 호흡, 깊이 들이마시고 더욱 길게 내쉬라는 가르침을 새롭게 인식한다. 의식하지 않고 늘 수월하던 숨쉬기가 이처럼 어려웠나 싶다. 숨은 마음을 읊는다. 마음을 투영하는 창이다. 화가 날 때 숨이 가쁘고 쫓길 때 숨 막힌다. 흥분되면 숨이 거칠어지고 조급하면 숨넘어간다. 먹고 사는 일에, 자식 때문에 노심초사 숨 쉬어지지 않을 때가 어디 한두 번이던가. 이완되고 편안한 숨이 보약이다. 깊은숨을 따라 하노라니 한결 가라앉고 차분해진다. 숨의 향기를 느낄 수 있다.

어느 날 중학교 입학을 앞둔 아이가 방학을 이용해 왔다. 요가원의 누구보다 유연한 요기니였다. 다른 요가원에서 1년간 수련을 했단다. 천연의 보석을 본 느낌이었다. 늘이고 휘고 비트는 동작마다 주저하지 않았다. 말 그대로 고무줄이었다. 선생님은 내심 염려가 되었단다. 쭉쭉 늘어나다 혹 동작이 과해 다칠까 해서. 근력만 키우면 아주 멋진 요기니가 될 거라고 모두 입을 모았다. 요가원에는 아이처럼 5년 차 이상 되는 멋진 선배들이 많다. 출발이 다르니 기량도 천차만별. 어쩌랴. 즐기면 그게 최선이다. 경쟁이나 비교는 덮어두자. 베테랑인 그들과 비교하지 말아야지 그들은 요우僚友, 다만 미래의 자신과 비교할 뿐이다.

인생을 반 넘어 살아왔다. 공기놀이 고무줄놀이로 즐거웠던 지난 시절이 눈에 선연하다. 물이랑 넘어 또 물이랑 고개 넘어 또 고개를 어찌어찌 살아왔다. 보살피지 못하고 앞만 보고 살았더니 탁해지고 굳어진 몸이 아우성친다. 몸도 마음도 영혼까지도 돌아보아 달라고 한다. 요가는 방치하고 잠재워둔 몸 구석진 데까지 건드려 깨운다. 휘어진 척추와 뼈마디를 제대로 꿰맞춘다. 몸의 다양한 부위를 부추기고 어루달랜다. 수련을 통해 여러 장기와 신경계의 기능을 활성화한다. 자극 없이 편히 살아온 몸은 굽히고 당기고 찢는 수련을 할 때마다 기쁘게 고통을 토한다.

꿈은 삶의 과정 안에 있다. 결과에 급급하면 실망이 앞선다. 만족한 결과를 얻기는 쉽지 않음으로. 오늘보다 내일은 더 멋진 그림이 되리라. 이 문턱만 넘으면 봄이 오겠지 하며 버티고 꿈꾼다. 요가는 과정에 모든 게 있다. 완성을 향해 나아가는 수련의 과정. 그래서 하루하루가 동작 하나하나가 소중한 것이다. 전혀 말 안 듣고 버티던 몸이 반응하고 휘어지고 맞닿아 열리는 것을 느낄 때는 놀랍고 신기하고 기쁘다. 감사가 우러나온다. 오십 후반에 시작한 나의 요가. 늦었다면 늦은 나이지만 이마저도 감사하다. 지금보다 더 나은 5년, 10년 후를 상상할 수 있으므로. 수련과 명상으로 쌓은 나날이 오늘보다 내일을 꿈꾸게 하기 때문이다.

'타워 포천 린치'는 미국의 요가 강사로 100세, 세계에서 가장 나이 많은 강사다. 요가를 하면서도 일흔이 넘어 댄스를 배우기 시작해 더 행복한 노년을 보낸다고 한다. 호기심과 배우려는 열정이 있는 한 나이는 숫자에 불과하다. 청춘으로 살 수 있다. 쉼 없이 이어지는 동작을 땀을 뚝뚝 흘리며 따라 한다. 어제는 되지 않았던 동작이 오늘은 나아졌다. 연꽃좌가 되어가고 등 뒤에서 손이 포개지고 고관절이 열리고 호흡이 귀에 들린다. 온몸을 자극하고 정화하는 과정을 통해 세포가 살아난다. 방치되었던 몸이 치유되는 느낌이 든다. 시간이 지남에 따라 퇴화하는 자연 발생적인 노화는 불가항력이다. 날마다 수련을 통해 내 몸이 하는 말에 귀 기울이고 교감하며 수순을 즐긴다. 머리로 섰다. 내 인생의 가장 아름답고 젊은 쉰아홉 살이다.

몽골을 필사하다

출근길 우편함에 책 한 권 꽂힌 거 보고도 헐레벌떡 그냥 출근했다. 밤에 돌아와 보니 우체통은 뱉지도 삼키지도 못하고 온종일 책을 물고 있었다. 시집 《수평에 들다》. 미안했다. 빨간 우체통에도 K 시인께도.

보석 같은 시편들. 편편이 공들여 쪼고 다듬은 적잖은 퇴고 과정을 짐작할 수 있었다. '반짝이는 것들에 속하면 좋겠지만 몽그라진 별들에 속해도 좋은걸.' 고비, 낙타, 초원, 수평, 사막책방, 모래더미, 사막여우, 초승달, 아~ 몽골. 영롱한 시어들과 사진은 완전 취향 저격이다. 공교롭게도 오늘은 금요일, 기어이 나는 맥주 캔을 들고 앉을 수밖에 없다.

소설가가 되고 싶어 문예창작과에 입학한 신경숙 소설가의 막막했던 스무 살 시절 얘기가 떠올랐다. 대학 생활에 적응 못 해 아침마다 머리가 무거웠고 우울했단다. 학교에 가도, 거리를 쏘다니면서도 이게 아닌데 싶었단다. 여름방학에 고향 정읍으로 내려가 들쑥날쑥 하루에도 몇 편씩 소설을 읽었다지. 불현듯 그대로 옮겨 써보고 싶은 충동이 일었고, 그 여름을 온통 선배들 소설을 옮겨 적으며 마치 자신의 소설인 양 황홀감을 느꼈단다. 막연한 꿈을 구체적으로 끌어당겨 주었던, 문학에 대한 외경심을 키워줬던 그 여름. 습작 시절 필사 경험이 이른 등단으로 이어졌다. 그렇게 그는 우리나라 최고의 소설가 반열에 올랐다.

몽골과 사막에 대한 시가 대부분인 시집. 나의 이십 대, 사막을 막연하게 동경했던 시절이 생각났다. 하루에도 몇 번씩 모래바람이 새로운 언덕을 만들어내는 그곳에 나도 발자국을 찍어보고 싶었었지. 만질 수 있을 것 같으면서도 아련한 내면의 양감(量感)을, 미학을 느끼고 싶어 신경숙처럼 옮겨 적는다. 더 깊이 음미하고 싶었다. 저변을 흐르는 사막에의 절창에 다가서고 싶었다. 다산이 가장 아낀 제자 황상은, 일흔 가까운 나이에도 육유의 시詩를 1천 수 넘게 옮겨 적었다는데.

이모! 고마워요

잠포록한 날이다. 함박눈이라도 펑펑 내릴 듯이 하늘이 이마까지 내려앉았다. 한 해가 다 가도록 전주에선 첫눈 구경을 못했다. 눈 타령을 하면서도 한편으로는 눈이 내리지 않아 얼마나 다행인지 모른다. 눈이 내리지 않으니 당연히 눈 피해도 없다. 그래도 혹시나 하며 일기예보에 잔뜩 귀 기울이며 눈 소식을 기다린다. 얼마 전부터 오전 4시간 '자동차 기능 강사' 알바를 하고 오후에 사무실로 출근한다. 조합장님의 배려 덕분이다. 12월 마지막 토요일, 오늘은 강습이 세 명이나 잡혔단다.

곧 맞닥뜨릴 퇴직을 준비하며 지난 4월에 '자동차 기능 강사' 자격을 취득했다. 일 년에 한 번 있는 시험이라 단단히 준비했다. 퇴근 후는 물론 휴일에도 도시락 싸 들고 도서관엘 다니며 불태웠다. '경찰청장' 발행 자격증이다. 내친김에 10월에 있었던 '학과 강사' 자격증도 땄다. 강사 자격증을 따고 보니 퇴직에 관해 부담이 없어졌다. 사무실에 자랑스러운 자격증 두 개를 보여드렸다. 조합장님은 잘 했다면서 그래도 가능하면 계속 근무를 해달라고 하셨다. 언제나 내가 하는 일마다 긍정적으로 인정해주시는 조합장님이 무척 감사하다.

겨울방학이라 수강생이 붐비는 학원에서 강습의뢰가 왔다. 나의 첫 수강생은 수능시험을 막 끝낸 고3 여학생 두 명이었다. 자신을 테스트 해볼 첫 기회다. 강습에 대한 노하우도 없었고 걱정만 태산이었다. 잘 할 수 있을지, 수강생들에게 기능을 습득 시켜 자격증을 쥐어줄 수 있을지 의문이었다. 4시간 강습 후 바로 실시한 장내 기능시험을 본 학생이 95점으로 합격했다. 80점 이상이면 합격인데 훨씬 상회하는 점수다. 오후 수강생은 100점을 받아 합격했다. 너무 기뻐 내 수필집을 선물로 줬다. 하늘이 도왔나보다 기적이 일어났다. 나는 완전 자신감을 얻었다. 광주에서 강사 연수받던 날, 강사경력이 20년 넘었다는 강사는 지금도 강의를 할 때마다 강의 계획서를 작성한다며, 강사로 활동할 때는 꼭 강의계획서를 작성해보라고 하셨다. 이에 힘입어 나도 강의계획서를 만들어 밤늦도록 강의 내용을 수정해 가며 녹음해서 들어보고 반복 연습했었다. 첫새벽에 일어나 연습하고 수정하고를 거듭했다. 보람이 있었다.

12월 마지막 토요일. 오늘은 음주 운전으로 면허가 취소된 젊은이와 베트남 여성, 그리고 20대 직장 여성 이렇게 세 분의 강습이 있다. 면허 취소된 이는 한 손으로 노련하게 운전을 한다. 직장여성은 자신감이 많이 떨어진 상태지만 꼭 합격을 하겠다는 의지가 보였다. 베트남 여성은 시종일관 미소 띤 모습이었다. 조카뻘 되는 서른일곱 살의 베트남 여성은 고향에 열다섯 살 난 중학생 딸 하나를 두고 왔단다. 베트남에서는 힘든 일에 비해 한국보다 급여가 적단다. 무주의 모 콘도에서 일하는데 힘든 일이지만 월급도 만족스럽고 고향의 딸을 생각하면 힘이 절로 난단다. 아직은 말도 어눌하고 종종 못 알아듣기도 하지만, 표정으로 손짓으로 의사소통해가며 한 시간 보충 강습을 마무리했다. 이번 시험에서 꼭 합격하라면서 손을 맞대 하이파이브를 했다. 오늘 시험 본 세 명 모두 100점으로 합격했다. 뛸 듯이 기뻤다. 토요일 아르바이트한 보람이 아주 컸다. 베트남 여성은 눈물을 글썽이며 "이모! 고마워요." 했다. 만족한 결과를 안고 감사해하는 이국의 그녀를 보니 뿌듯했다.

미소 띤 얼굴에서 그녀의 꿈을 짐작해 본다. 생소한 이국에서의 생활은 어렵고 힘들겠지만 꿈이 있고 목표가 있어 견뎌낼 것이다. 딸의 교육을 위해 혹은 고향에 집을 짓기 위해, 아니면 가족 중에 혹 어려움이 있어 큰돈이 필요한 지도 모르겠다. 한정된 시간이라 자세한 사정을 알 수는 없었지만, 합격이 첫 단추가 되어 꿈꾸고 계획하는 것들을 하나하나 이루어가길 빌었다. 표정은 웃고 있지만 내재한 쓸쓸함과 외로움 같은 게 일견 비쳤다. 지구촌 시대다. 단일민족은 옛말이 됐다. 그녀뿐이랴. 외국인과의 결혼으로 그들의 2세들이 이 땅에서 뿌리내리고 있는 현실이다. 서로를 인정하고 호응하며 조화롭게 공존해야 할 때다.

3

연둣빛 꽃, 찻잎 따다

가을 저편

가을비는 얼마나 처연한지. 운구차 앞 넓은 유리창에 자꾸만 비는 듣고, 또 자꾸 물꽃을 터뜨린다. 떠나는 이도 떠나보내는 이도 눈물을 빚어 물방울꽃을 피워댄다. 들국화도 잎 진 나무들도 우리 모두 함께 젖어 비 오던 날, 걸음걸음 고행하듯 너를 보낸다. 마지막으로 보았던 고통에 겨워하던 네 모습과 달리 생을 닫은 너의 얼굴은 한결 평온했다. 돌아눕기도 몸을 일으키기도 힘들어 했었는데. 밤톨 하나 녹여 겨우 먹이며 차라리 지극한 고통이 멈추기 위해서는 천상의 나라가 더 좋지 싶었다. 온몸에 전이된 병마를 세상 의술로는 치유해 주지 못했기에 너의 각시는 활활 불태워서나마 병마를 없애주고 싶었단다. 고통에 겨운 이생보다는 차라리 너를 위해 천상에 들기를 기원했지만, 볼 수도 만질 수도 나눌 수도 없는 차안과 피안의 닿을 수 없는 거리가 너무 깊고 멀다. 혼자 당도할 그 어둡고 외로운 길에 너를 안아 품어 줄 신이 있어 다행이다. 먼저 가신 아버지 곁에서 이젠 평온하니? 외딴 너의 공간에서 얼마나 고독했을까. 내면으로 너의 몸을 응시하며 오래오래 얼마나 외롭고 무서웠을까. 서운하고 불안했을까. 원망은 어찌 없었으랴 부모와 무능한 형제들에게.

내 밑으로 여동생 셋, 남동생 하나. 그와는 다섯 살 차이이다. 어린 시절, 엄마는 젖을 먹이고 나면 나만 한 남동생을 자주 업혀주었다. 동생은 내 등에서 쌔근쌔근 잠도 자고 잠투정도 부렸다. 등에다 얼굴을 마구 부비기도 하고 내 머리끄덩이를 사정없이 잡아당기면서. 그럴 때면 업은 아이 엉덩이를 펑펑 때리며 꼬집기도 했지 아마. 지금도 정지된 선연한 기억 한 장면. 엄마는 장에 가셨을까? 동생을 업고 아랫집 대문께로 내려가 엄마를 기다렸다. 등에 업힌 아이는 그날따라 머리채를 잡아채고 칭얼대며 보채 쌌다. 엄마는 오지 않고 동생은 보채고, 나는 울먹이며 아이를 흔들어댔다. 그때 불현듯 엉덩이께로 뜨거운 한줄기 길이 지나갔다. 아이가 오줌을 싼 거로 보면 기저귀를 떼고 난 후의 일이었나? 뜨겁다가 서늘해지던 한 줄기 섬광! 등으로 받아낸 오줌이 한두 번이었을까. 한번만 더 널 업어 볼 수 있었으면. 그 시절로 돌아갈 수 있었으면.

업어 키운 동생. 누나 셋이 아이를 가운데 두고 '인물 내봐라, 힘써 봐라, 죔죔 해봐라' 하곤 했다. 그때마다 그는 누나들 장난감이자 기쁨이었다. 어쩌다 그런 병에 걸렸을까? 신부전증으로 고생고생했고 어려운 가정형편에 제때 치료를 받지 못해 힘든 학창 시절을 보냈다. 서울에서 몇 년 함께 살 때도 붓고 아픈 애를 적극적으로 치료해 주지 못했고 무기력하고 게으르다고 나무라기만 했다. 입대를 위한 건강검진에서 간이 나쁘다는 결과를 받고 함께 돌아오는 버스 안에서 동생은 얼마나 침울해했던가. 군인이 될 수 있는 건강을 그는 부러워했으리라. '부활'의 이승철이 스타가 되기 전 음악 하던 이들이 자주 드나들던 음악다방에서 한때 DJ를 했었다. 수집했던 엘피판 여러 뭉치를 이사하며 옮기던 시절이 생각난다. 독학으로 피아노 네 음계를 짚어 연주했고 병이 깊어지고는 찬송가를 연주하고 깊이 음미해 부르며 자신을 위로했다.

천사는 이 땅에도 산다. 하늘나라의 천사보다 더 착한 천사가 지상에도 있다. 내 동생을 위해 아예 날개옷을 접어버린 선녀가 분명하다. 병들어 직장생활도 여의치 않았고 벌인 사업도 오히려 적자였을 것이다. 그 모든 걸 고스란히 감수하며 동생을 수발하고 조카 둘을 훌륭하게 키운 올케는 우리에게 온 천사였다. 올케가 있어 동생은 쉰셋의 인생이나마 영위할 수 있었고 남편과 아버지가 될 수 있었다. 올케의 겨운 사랑과 희생 덕분에 인간으로서 누릴 수 있는 기쁨을 만끽할 수 있었다. 큰누나인 나는 자주 들여다보지도 병원비를 크게 보태지도 못했다. 3개월여 동안 제대한 아들과 대학생 딸, 두 여동생은 직장도 쉬면서 올케와 교대로 정성껏 돌봤다. 가족과 남매지간의 지극한 보살핌 속에 마지막 삶을 마무리하고 떠났다.

올케는 아산재단에서 공모한 '아산가족효행상'의 주인공이 되었다. 3천만 원의 큰 상금만큼 선정에는 네 단계 까다로운 심사과정이 있었다. 공모 내용에 과장이나 거짓이 없는 지 거듭거듭 주변과 직장에 확인했다. 그간 행적을 열거해야 하므로 행여 자존심 강한 아픈 남편의 마음에 상처가 될까 조마조마했단다. "치료비를 위해 그 상금이 꼭 필요했어요. 꼭 선정되고 싶었어요." 올케의 그 말에 너무도 미안했다. 고마웠다. 결혼하고 이십사 오 년, 얼마나 마음으로 경제적으로 힘들었을까. 그녀는 의연한 가장이었고 어머니였다. "돈은 내가 벌고 아이들은 나보다 더 잘 키우는 아빠가 있으니 그것으로 만족한다."며 경제력 없는 남편을 원망하지 않았다. 경찰병원 수술실 간호사로 20년 근무하며 업무적 스트레스도 만만치 않았을 텐데 어떻게 그토록 한결같았던지. 동생들이 산삼, 상황버섯 등 병에 좋다는 것을 구해 먹이고 치료를 도왔지만 깊어지는 병을 떨치지 못했다.

그가 남긴 알뜰한 혈육 둘, 아들은 '이공계 대통령 장학생'으로 추천을 받았었고 '대학 4년 장학생'으로, 딸은 지난 학기 수석을 해 죽기 전 아빠에게 큰 기쁨을 선사했다. '이 세상은 사랑하기 알맞은 곳, 이 세상보다 더 나은 곳을 나는 알지 못한다.'라던 프로스트처럼, 더할 나위 없는 그림을 놓고 싶지 않아 동생은 끝까지 생명에 대한 포기를 못했다. 힘든 방사선 치료를 이를 물고 참으며 생의 애착을 놓지 않았다. 악착같이 산 이생의 쉰 세 해가 한 사발 골함骨函으로 돌아왔다. 딸아이 초등학교 친구들부터 연락 두절 됐던 친구들이 찾아와 조문했고, 더러 통곡하는 친구들도 있었다. 한결같이 '잘 살다 간 친구'였다고 추억했다. 어려운 친구에게는 항상 따뜻하게 대했고, 도움을 청하는 친구는 거절하지 않았고, 유머와 위트로 친구들을 즐겁게 했단다. 조문객들을 통해 나의 인생을 돌아보게 되었다. 어떻게 살아야 하는지 한나절 꿈같은 짧은 인생 곰곰 돌아보게 했다.

동생은 이제 이생의 고통을 벗고 평안에 들었으리라. 빛나는 열매 두 낱과 천사를 두고 가기 싫어 끝내 손을 놓지 못했다. 그는 하늘의 별로 뜨고 남은 이들은 별을 보며 그를 그리네. 영롱한 눈물 마르려면 아직은 한참 시간이 필요하리. 나무 위에서 땅에서 일생 두 번 꽃을 피우는 동백꽃 나무. 동생도 그렇게 살아서 한번, 죽어서도 다시 한 번 남은 자들의 가슴에 지워지지 않는 별이 되어 빛나리라. 우리 6남매, 사는 일에 끄달려 시간의 주름이 골골 잡혔다. 저마다 사느라 오순도순 정을 주고받지 못했다. 궁핍하고 서툴렀던 지난날의 얘기는 아련하게 남는 법. 흘러가는 시간의 물살을 타고 어느 이름 모를 강가에 쌓인 고운 모래톱 같은 것. 장면의 예술이 영화인 것처럼 사람의 일생도 이미지로 남는 법. 떠난 이의 기억은 온통 풍화되지도 않고 새벽하늘의 푸르스름한 초승달처럼 가슴속에 시리게 남는 법.

맛난 만남

인생은 만남이고 맛남이다. 그 만남은 사물일 수도 사람일 수도 있다. 저만큼 먼 경지에 있는 큰선비 어른들. 가난 때문에 책을 팔아 밥을 구하기도 했다는 박지원·이덕무, 그런 절대 궁핍 속에서도 찬란한 문학을 이뤘다. 추앙하지만 다가서기는 요원한 분들이다. 책 속에 매몰되듯 산 최민식 장승욱 윤택수. 그들뿐이랴. 저마다의 삶 속에는 의미 있는 만남도 더러 있으리라. 그런 만남을 통해 생각이 바뀌고 삶이 변화되기도 한다. 옛 글에 '그대와 나눈 하루 저녁의 대화가 십 년 독서보다 외려 낫구려.'란다. 마음이 흐뭇하게 들어맞는 만남이 십 년의 독서와 기꺼이 바꿀 만큼이라니. 편지를 통한 영혼의 교류라 일컬을 고봉 기대승과 퇴계의 만남도 상기해본다. 58세의 대학자 퇴계는 32세의 나이로 문과에 장원급제한 기대승의 편지글을 지극한 예로 받는다. "덕을 높이고 생각을 깊게 하여 학업을 추구하시기를 간절히 바랍니다. 이만 줄이며 이황이 삼가 말씀드렸습니다."

사제 간의 맛난 만남으로는 단연 다산과 제자 황상의 만남이 있다. 물질 만능의 현실에서 사제의 정리는 옛말이 된 듯하다. 도탑고 질박한 정은 어느 일방의 노력으로는 어렵다. 제자를 자식처럼 아끼는 스승도, 스승의 그림자조차 피해 밟는 제자도 요즘은 찾아보기 힘들다. 학생은 있어도 제자는 없는 요즘 스승에 대한 존경심을 갖는 이가 얼마나 될까. 인간관계에는 그저 이루어지는 것이 없다. 오는 정이 있고 가는 정이 있어서 켜켜이 쌓여야 관계가 형성된다. 몇 해 전 읽고 가슴에 간직하고 있던 이야기. 다산 정약용의 강진 유배 시절 제자 황상과 아름다운 만남은 깊은 울림을 주었다. 이름 없는 시골 아전의 아들이었던 더벅머리 열다섯 살 소년이 서울에서 오신 하늘 같은 스승, 다산과 만남에서 빚어낸 선율은 감동 그 자체였다.

강진의 동문 밖 찬 우물 옆 주막집, 그 너머는 어두운 들판뿐이었다. 오갈 데 없는 다산은 주막 봉놋방에 눌러앉게 됐다. 종일 말 한

마디 건넬 사람은 없고 혼잣말하거나 묵묵히 책을 읽을 뿐이었다. 뒤란 대숲 소리에 마음이 들레면 한잔 술을 청하거나 주막집 주인 노파와 이따금 대화하는 정도였다. 도사려 앉아 부글부글 들끓던 마음도 이러구러 시간이 흐르자 누그러졌다.

아전 자식 몇이 와서 배움을 청했다. 고만고만한 중에 송곳 끝처럼 자루 밖으로 비어져 나오는 아이가 있었다. 말귀를 금세 알아들었고 질박하고 명민했다. 더벅머리 소년이 스승께 질문했다. "제게 세 가지 문제가 있는데 너무 둔하고, 앞뒤가 꽉 막혔으며, 답답합니다. 저 같은 아이도 공부할 수 있나요?" "배우는 사람은 보통 세 가지 큰 문제가 있다. 민첩하게 금세 외우는 것, 예리하게 글을 잘 짓는 것, 깨달음이 재빠른 것. 어근버근 답답하고, 익지 않아 힘들어 버벅거리고 들쭉날쭉하다 해도 꾸준히 연마하면 튀어나와 울퉁불퉁하던 것이 반질반질 반반해져서 마침내 반짝반짝 빛나게 된다. 마음을 확고하게 다잡고 부지런히 하면 된다. 너도 할 수 있다. 너라야 할 수 있다."고 북돋워 준 한마디가 소년의 삶을 송두리째 바꾸어 놓았다.

열다섯에 받은 '삼근계三勤戒, 부지런하고 부지런하고 부지런하라.' 이 글을 받고 마음에 새기고 뼈에 새겨 감히 잃을까 염려하며 61년 동안 실행했다. 독서를 그만두고 쟁기를 잡을 때도 마음에 늘 품고 있었다고 일흔다섯 살 때 쓴 '임술기壬戌記'에 술회했다. 일흔여섯의 노인이 좀체 손에서 책을 놓지 않았다. 끊임없이 읽고 베껴 쓰고 메모하고 정리하고 평생 베낀 책이 키를 넘었다고 한다.

책만 읽는 바보, 간서치 이덕무와 연암 박지원의 맛난 만남도 이에 버금간다. 연암은 집 가까운 곳에 사는 이덕무의 소문을 익히 들어 알고 있었다. 서얼 출신으로 자신보다 나이는 어렸지만 이덕무를 진정으로 대했다. 그의 학문을 존중한 것이다. 가난하고 보잘것없는 이덕무는 스무 살 때쯤인가 박지원 선생이 문장에 조예가 깊어서 당대에 이름이 높다는 소문을 듣고, 탑의 북쪽으로 선생을 찾아뵈러 갔던 일이 있다. "박지원 선생은 내가 자신을 찾아왔다는 말을 듣고 의복을 갖추고 나와서 맞아주셨다. 오랫동안 사귄 친구를 다시 만난 듯 손을 맞잡고, 지은 글을 모두 꺼내어 읽어볼 수 있게 해주셨다. 이윽고 몸소 쌀을 씻어서 다관에 밥을 해 맑은 사발에 퍼서 옥소반에 받쳐 내오셨다. 그리고 술잔을 들어 나를 격려해주셨다." 너무나 뜻밖의 따뜻한 대접에 놀라고 기뻤던 이덕무는 오랜 세월 아름다운 일로 여겨 문장을 지어서 응답했다. 선생의 인품과 학식에 빠져든 상황과 지기에 대한 감동의 이야기다.

이덕무는 서른아홉의 늦은 나이에 벼슬에 나아갔다. 정조는 신분에 묶여 벼슬하지 못한 여항의 선비 중 학문과 지식을 두루 갖추고 문학에 능한 사람을 관원으로 뽑았다. 문치와 문예 부흥을 장려

한 정조 덕에 이덕무가 첫 번째로 발탁됐다. 정조는 신하들의 학문을 시험하고 시문을 평가하는 데 엄격하고 단호했다. 이덕무가 두 번이나 장원했다. 그의 재능과 식견이 임금님에게 인정을 받게 된 것이다. 그의 사후 정조는 국가적인 차원에서 유고집을 간행해줬다. 간서치는 조선 최고의 실력을 인정받은 문장가이자, 시문 비평 실력을 갖췄고 백과사전을 방불케 하는 방대한 저술을 남긴 위대한 지식인이다. 가난과 병치레로 일찍 세상을 뜨자 박지원은 "마치 나 자신을 잃은 듯하다."고 그의 죽음을 안타까워하며 이덕무가 평생 읽은 책은 거의 2만여 권이 넘는다고 독서의 벽癖을 증언했다.

인생은 맛남이고 만남이다. 만남을 통해 생각이 바뀌고 삶이 변화되기도 한다. 한 갑자 가까이 살아왔다. 펼쳐 든 책에서 불쑥 옛 선비의 쾌재의 문장도 만난다. 뜨락의 꽃나무와 나무에 앉아 노래하는 새소리, 풍경소리. 모두가 내게는 축복이다. 내 인생의 맛난 만남을 돌아본다. 맺은 인연에는 많은 물상도 있다. 그러나 우리 서로 갑남을녀로 만난 일, 소박한 가정을 이룬 일, 세 아이 낳아 아옹다옹 함께 살아가는 수수한 일이 그것이다.

발이 아름다운 이유

사람은 발바닥 전체를 땅에 붙이고 걷는 척행성蹠行性 보행을 한다. 매트 위에 맨발로 무릎 꿇어 앉는다. 양쪽으로 발뒤꿈치를 벌려 엉덩이를 앉힌다. 둘의 협응은 안온하다. 이마 위로 합장하며 요가 선생님께 '라마스떼' 인사를 한다. 등을 보이며 돌아앉은 선생님의 적나라한 발바닥. 세상에…. 무용으로 다듬어진 몸매는 우아한 백조요, 잡티 하나 보이지 않는 얼굴은 순정만화 여주인공인데 강사님의 발이라니. 등을 보이며 꿇어앉은 뒷모습에서 새까만 발바닥은 충격이었다. 온종일 맨발로 강습하느라 아름다운 자태와 달리 새까맣게 때가 탄 발바닥을 보니 마음이 찡했다. 아니 감동이었다. 희고 갸름한 얼굴과 상반된 모습의 발이 주는 말, 어찌 감동하지 않으랴.

발은 수천 마디의 말을 내포한다. 천년에 한 번 나올만한 선수라고 세계인의 극찬을 받았던 선수가 있다. 김연아 선수, 그녀의 울퉁불퉁한 발을 보고 울컥하지 않은 사람이 있었을까. 세계 최고의 선수가 되기 위해 쏟았을 땀과 고된 노력을 다 알지는 못한다. 얼마나 많이 넘어지고 다시 일어섰을지를 생각해보면 그녀의 발은 숭고했다. 또 박지성 선수는 어떤가. 수많은 선수와 뛰었고 경쟁했고 우리나라의 대표선수가 되기까지 얼마만큼의 노력으로 선발되었는지. 그의 발 사진이 답이다. 불과 얼마 전 테니스 선수 '정 현'의 발 부상이 화제였다. 2018년 호주 오픈 테니스대회에서 발 부상으로 안타깝게 기권한 일이다. 기권 후 그는 상처가 깊은 자신의 발을 공개했다.

자신의 인스타그램에 "오늘 저녁에 제가 할 수 있는 최선을 다했습니다. 경기를 포기하기 전 많은 생각을 했습니다. 많은 팬분들 앞에서, 훌륭한 선수 앞에서 내가 100%를 보여주지 못하는 건 선수로서 예의가 아닌 거 같아서 힘든 결정을 내렸습니다. 며칠 뒤에 있을 결승전에서 로저 페더러 선수에게 행운이 있기를!"이라는 글과 함께 게재한 발바닥 사진 한 장. 엄지발가락 아래 움푹 파인 발바닥은 충격이었다. 대회를 치르느라 회복될 새도 없이 물집 위에 또 물집이 잡혔고 물집을 깎아내니 새빨간 속살이 드러났다. 통증을 가라앉히기 위해 진통제를 맞아도 소용없어 결국 기권을 선언했다. 저렇듯이, 뼈가 보일 정도까지 상처가 깊도록 모진 훈련을 했구나 싶어 마음이 아팠다.

발이라 하면 단연, 세계적인 발레리나 강수진 단장의 발 사진이다. 우리나라는 물론 중국과 일본에서도 그녀의 발 사진이 '정말 실화냐'며 한 때 토론도 많이들 했단다. 그녀는 1600년대 만들어진 독일 최초의 대형 발레단 슈투트가르트 발레단에서 활약한 바 있다. 은퇴 후 국립발레단 단장 겸 예술 감독으로 활동하면서도 그녀는 늘 발이 아팠단다. 열 개 발가락 모두에 각각 두 세 개의 혹이 불거져 굳은살이 되었다. 그 날 유달리 발이 매우 아팠었는데 남편이 발 사진을 찍어 줬고 그 사진이 이슈가 되었다. 숭미崇美했다. 맺힌 데 없이 희고 매끈한 발은 차라리 무미건조하다. 물집이 잡혔다가 수없이 터져 굳어 불거진 발가락. 발가락마다 두서넛씩 달려 굳어진 혹. 인간의 한계를 뛰어넘는 혹독한 훈련의 징표리라.

한때 신화처럼 느꼈던 선수들이나 발레리나의 얘기는 차치한다. 오늘 나는 맨몸으로 맨발로 매트에 섰다. 가슴으로 이마 위로 존경의 '라마스떼'를 한다. 강사님의 까만 발바닥이 주는 말에 귀 기울여 본다. 물속에 발을 담근 채 우아한 모습으로 유영하는 저 백조는 물속에서 끊임없는 발길질이 있음을. 치달리는 경쟁 속에 쫓아가기 급급하고 어눌하지만, 저 까만 발바닥의 성실한 모습을 닮아가다 보면 더 환한 내일이 오리라. 발이 하는 말은 당당함이다. 거친 발은 삶의 아름다움과 진실을 대변한다. 분명 그들은 자신의 하는 일에 최선을 다하고 사랑하는 예술가들이다. 요가 강사님의 까맣게 때가 전 발바닥은 진정한 아름다움의 역설이다.

수선화에게

-김성은 선생님께 드립니다-

선생님!

동짓달 쨍한 찬 기운이 맑은 아침 공기를 선사합니다. 시베리아 북풍이 주는 또 하나의 선물이 있네요. 소나무 가지, 건물 난간, 층계참, 현관 어귀에 매단 크고 작은 풍경들이 저마다의 음향으로 이따금 귀를 맑힙니다. 감사하게도 새 하루를 허락받았네요. 마당에 내려서서 하늘을 우러릅니다. 구름 한 점 없는 푸른 바다가 끝 간 데 없이 넓고 깊습니다. 무탈하게 보낸 한 해를 돌아보니 감사가 넘쳐납니다. 비범하지도 특별할 것도 없는 우리는 옆 사람과 별반 다르지 않은 나날을 사는 것 같습니다. 얼마간은 기쁜 일이 있었고 또 간간이 속상한 일도 있었지요. 슬프고 즐거웠던 소소한 일상 속에 서로를 격려하고 위로하며 함께 한 해를 잘 살아 내었네요.

선생님!

저는 선생님을 처음 뵈었을 때 수선화를 연상했습니다. 우리 집은 야산을 집터로 개발한지라 마당 흙이 거칠고 기름기가 없어요. 그럼에도 다양한 구근류, 백합 히아신스 튤립 수선화 무스카리 등을 심어 풍성하게 꽃 피기만을 기대했어요. 북을 돋워 거름과 흙이 풍성한 곳의 꽃들과는 달리, 마당 잔디 틈에서 힘겹게 피어난 수선화는 숫제 애잔하기까지 했습니다. 가운데 손가락만 한 수선화 꽃대며 가녀린 이파리와 연노랑 꽃송이가 처음엔 초라해 보였습니다. 근데 자주 가만히 들여다보니 어찌나 귀엽고 신통한지 감탄이 절로 났습니다. 수선화도 스스로 꽃 피움을 만족하는 듯했습니다. 수선화를 볼 때마다 '예쁘다. 예쁘다' '기특하다. 기특하다' 쓰담쓰담 해주었습니다. 그 여린 꽃을 피우기 위해, 또한 뿌리 내리기까지 안간힘 썼을 노고가 짐작되었으니까요. 여린 생명의 숨소리가 마음으로 들렸기 때문입니다.

선생님 글을 통해, 8살 어린 나이에 맞은 '시각장애'라는 충격은 청천벽력과도 같았겠구나 싶었고 부모님 또한 얼마나 가슴 아프셨을까요. 온 세상이 미웠고 하늘이 원망스러웠을 테지요. 그토록 힘든 절망의 시기를 잘 견디고 이겨냈기에, 건강하고 밝은 지성인으로 거듭났기에, 오늘이 선물처럼 주어졌다고 생각해요. 그래서 선생님이 더욱 존경스럽고 예쁘고 아름다운 겁니다. 뵐 때마다 환히 웃으시기에 그런 아픈 사연은 세세히 몰랐었어요. 굽이굽이 갈피마다 얼마나 많은 눈물과 절망이 있었을까요. 힘겹게 꽃대 올려 노랗게 꽃 핀 수선화의 향기가 선생님으로 대치됩니다. 힘겨웠을 노력과 인내에 격려와 찬사를 드립니다. 의연하게 이 세상에 두 발 딛고 가정을 이루어 아내로, 어린 딸의 엄마로 또한 특수교사의 역할을 당당하게 해내시는 선생님이 마냥 행복해 보여 보기 좋습니다.

생각나는 한 분이 계십니다. 빛나는 문장과 눈물겨운 노력으로 감동을 주셨던 존경하는 고 장영희 교수. 한 생을 맹렬히 아름답게 살다 가신 분이죠. '소아마비 1급 장애'였던 그분은 초등학교 시절 학교 가는 일을 '전투'로 비유했습니다. 부모님은 늘 학교 근처로 이사했다 합니다. 초등학교 3학년 때까지 어머니가 업어다 교실에 앉혀주었고 2교시가 끝날 때마다 화장실을 데려가야 했고요. 보조기 구둣발 소리를 내며 앞만 보고 걷는 모녀를 쫓아다니고 놀리며 흉내내는 아이들에게 날카롭게 야단치던 어머니였답니다. 기동력 없는 딸이 이 세상에서 발붙일 자리를 마련하기 위해 '몸 바쳐 싸우던 전

사였다'고 술회했습니다. 겨울 눈길 위에서 미끄러질까 봐 집에서 학교에 이르는 길에 연탄재를 겹겹이 부숴 갈색 띠를 만드셨던 어머니. 그녀가 자꾸 세상의 벼랑 끝으로 밀려날 때도, 그래도 악착같이 매달릴 수 있었던 건 어머니 때문이었다고 토로했습니다. 뛰지도 걷지도 서지도 못하는 자신의 몸을 보며 한없는 나락에 빠질 때마다 《백경》 속 에이허브에게서 영혼의 방황에 지표를 세웠다고 합니다.

선생님의 글 〈엄마의 바다〉를 읽으며 장 교수의 이야기를 연상했습니다. 아름답고 감동적인 글로, 치열한 열정으로, 또한 누구보다 힘겨웠을 악조건 속에서도 굴하지 않고 우뚝 선 장영희 교수에게서 선생님의 모습을 발견합니다. 세상 모두의 어머니는 매한가지겠지요. 그분의 어머니나 선생님 글 속의 어머니, 또한 예쁜 딸을 키우는 어머니인 선생님! 모두 모두 애잔하고 눈물겹고 고맙고 훌륭한 어머니입니다.

제가 2006년 행촌수필문학회 가족이 되어 만난 또 한 분이 있습니다. 문학회에 갓 입회한 저에게 수필집을 안겨 주셨던 분은 '전신류머티즘 관절염'을 앓고 계셨습니다. 그때까지 12번의 수술을 하였고 작은아들 2살 때 시작된 병이 아들이 대학생 된 그때까지 계속되고 있었습니다. 그런 상황 속에서도 포기하지 않고 글을 쓰고 수필집을 내셨으니 그 고되고 행복했을 시간을 어찌 짐작할 수 있을까요?

선생님!

우리가 책을 읽을 땐 얻는 게 있어야 의미가 있고 글을 읽고 나면 감동이 밀려와야 읽은 보람이 있잖아요. 늘 선생님 글을 읽고 나면 감동이 입니다. 여백의 여운까지 짚어 보게 해요. 살아가며 부대끼는 세상이 힘겹고 고달파도 그래도 살아있음이 얼마나 감사하고 감사한지요. 우리 더 깊은숨으로 하늘을 우러르고 바람의 말에도 귀기울여 보고 때로 풍경소리도 음미하며 더 열정적으로 살아야겠지요? 풍경은 바람이 와서 때릴 때 아프다 원망하지 않고 마른 몸으로 맑은 소리를 선사해 주잖아요. 더 굳건히 생활하시고 선생님만의 색깔과 향기 풍기는 그런 글 기다리겠습니다. 수필집도 고대하겠습니다. 겨울 동안은 못 뵐 것 같네요. 겨울이 길지는 않겠죠? 따뜻한 봄날 홀보드르르한 봄옷 입고 반갑게 만나요.

문학상 수상을 다시 한 번 축하드려요.

이해숙 드림

이소離巢

나는 오늘 예쁜 노랑 병아리 한 마리를 닭장 밖 울타리 너머에 떨어뜨리고 왔다. 애써 담담한 표정으로 일관하며 눈도 마주치지 않았다. 눈을 보면 울음보가 터질 것 같았다. 덩치는 다 큰 중닭 모양새인데 하는 짓은 어린양이니 영 미덥지가 않다. 21개월 동안 저 거친 구역에서 뒹굴고 부대끼다 보면 보다 더 단단하고 미더운 청년이 되어 어미 품으로 돌아오리라.

올봄은 제대로 된 벚꽃 잔치 한마당을 만끽했다. 해마다 벚꽃이 난만할 즈음엔 봄비와 꽃샘바람이 꽃차례를 뒤흔들어 난분분한 낙화를 유발했는데 말이다. 코로나19가 세상사람 혼을 다 빼놓더니 봄비도 봄바람도 잠재웠나 보다. 마흔 다 되어 낳은 늦둥이가 공군 입대를 했다. 가야 하니 가겠지만 기꺼운 표정이 아니다. 미지의 세계에 대한 불안으로 착잡한 심상임이 여실하다. 말로는 “저 걱정 안 해요.” 하면서도 저 표정은 뭔가. 행정병 지원을 준비하며 마이크로소프트사 ‘MOS MASTER’ 자격증도 어렵게 땄다. 코로나19 사태로 폐강이 되었지만 분발하였고 대전까지 가서 성과를 냈다. 자격증 공부에다 친구들과의 약속으로 통 얼굴을 볼 수 없었다. 내가 출근한 후에나 일어나고, 퇴근해도 새벽에 들어오기 일쑤였으니. 혹 나다니다가 감염이 되어 입대에 문제가 생길까 조마조마했었다.

낙화 없이 벚꽃 만발한 날, “어머니 저랑 저녁 드실래요?” “좋지.” ‘쟁반짜장과 탕수육’, 우리 둘이 만나면 즐겨 먹는 세트 메뉴다. 녀석은 먹음새가 수더부네하다. 삼천천변 벚꽃 구경을 하며 걸었다. 불쑥 초등학교 1학년 시절 얘기를 꺼낸다. 함께 천변을 따라 걷던 하굣길이 참 좋았다고. 서곡에서 추천대교까지 전주천을 쭉 함께 걸었던 둑길. 강아지풀을 양손에 뽑아 들고 훑으며, 들여다보며, 풀밭에 앉아 사진도 찍으면서 깔깔댔던 그때가 나도 그립구나! 업어준다고 등을 내밀면 누가 본다고, 이제 다 컸다며 엉덩이를 빼곤 했었지. 어언 십 오륙여 년 넘는 세월이 가뭇없이 흘렀구나.

훈련병 기간이 끝나고 손편지가 왔다. 힘들고 어렵게 취득한 자격증이었는데 혹 행정병 보직이 안 될 수도 있다고. 그렇지만 힘든 자리에 배치되더라도 무너지지 않고 이겨내 보겠다고. "나를 죽이지 못하는 시련은 나를 강하게 만든다는 말을 의지하여, 힘든 일이 주어져도 장기적으로 보면 오히려 저에게 비약적인 성장을 하게 해줄 기회가 될 수 있지 않을까요? 열심히 이겨낼게요. 사랑해요 어머니! 걱정하지 마시고 저 승연이를 믿고 응원해주세요. 그게 제게 큰 힘이 돼요." 이소離巢는 '새끼 새가 자라 둥지를 떠나는 일'을 말한다.

집에 관한 서정 2

-엔젤 트럼펫-

아침 기온이 제법 선들선들하다. 하늘바늘꽃 넌출이 가볍게 선드러운 바람을 탄다. 현관문을 열고 내려서니 꽃들이 일제히 참고 있었던 듯 향기를 토한다. 나의 등장을 기다렸던 것처럼 아주 일방적이다. 잠시 'ㄴ'자 울타리를 돌며 사진 몇 컷을 찍었다. '엔젤 트럼펫' 꽃송이들이 잘 다녀오라며 일제히 눈바래움한다. 산뜻한 출근길이다.

이사를 하고 삼 년째, 옛집에 비해 세 배나 넓은 터에 우리 부부는 많은 땀을 쏟았다. 기술적인 부분을 제외하고는 청소며 페인트칠

등 아이들도 기꺼이 힘을 보탰다. 남편 친구 분이 처음 이 집을 장만했을 땐 마당과 울타리의 돌보지 않은 소나무로 인해 본채가 보이지 않을 정도였단다. 가까운 친구의 집 장만을 축하하며 남편은 기꺼이 전지를 도왔다. 가지치기한 가지들을 수거하니 트럭으로 7대 분량이나 되었단다. 집과의 인연이 참 묘하다. 그땐 몰랐다. 우리가 이 멋진 집과 함께 살게 될 줄을. 뒤뜰에는 유실수를, 앞마당과 울타리에는 꽃나무와 여러 종류 꽃씨를 심었다. 대여섯 종류 나무를 다 살리지는 못했다. 무화과와 블루베리는 여러 그루 중 회초리 같은 여린 나무 하나 겨우 살렸다. 인터넷으로 수선화, 백합, 히아신스 등 알뿌리 식물과 꽃모종도 닿는 대로 구했다. 작년 가을, 완주군의 '로컬푸드' 매장을 둘러보러 가던 길이었다. 지붕 낮은 흙집 토담 아래 백합 모양의 꽃이 송이송이 풍성했다. 훅 끼치는 낭자한 향이 사람 발길을 잡아챘다. 자줏빛 나팔꽃과 모양은 비슷한데 크기는 대여섯 배 더 커다란 꽃송이였다. 꽃나무는 끝물 꽃을 피우느라 안간힘을 쏟고 있었다. 꽃 진자리엔 씨방이 영글어 제법 통통했다. 잘 여물어 벌어진 꼬투리엔 꽃씨가 촘촘히 박혀 있었다. 여문 주머니 하나만 풀어 울타리에 심어도 엔간하겠다 싶었다. 가져다 심은 꽃씨들이 올여름 무더위에 왕성하게 자랐다. 철쭉 울타리를 지주 삼아 꽃가지를 부챗살처럼 펼쳤다. 철쭉꽃 나무가 마치 나팔을 붕붕 불어대는 모습이다.

우리 골목 안에는 7가구가 산다. 전문 분야에서 일가를 이룬 분들인데도 소탈하고 겸손한 이웃들이다. 집집이 잘 가꾼 마당이 있다. 한 달여 전, 앞집 치과 원장 댁은 대형 크레인을 동원해 가지치기 전문가에게 키 큰 소나무 전지를 맡겼다. 잘 단장된 소나무가 하늘이 화폭인 양 한국화 한 점을 멋지게 그려냈다. 하늘을 배경으로 세상일에 초연한 소나무 그림이 고상했다. 그 옆집은 마당의 잔디가 아주 곱다. 머릿수건 쓰고 일찍부터 풀 뽑던 분들로 보아 정기적으로 관리해 주는 것 같았다. 잘 가꾼 정원을 이사 오자마자 구경시켜 주셨는데 각양의 꽃들이 조화롭게 배치되어 있었다. 우리 집은 퇴직하고 남는 게 시간이라는 남편이 많은 수고를 한다. 앞, 뒤뜰 잔디며 나무 전정까지 살뜰히 가꾼다. 일본 연수 때 인상적이었던 게, 그분들은 집마다 마당에 소나무를 키우며 아주 정성 들여 손수 나무 전정을 하더라는 것이다. 남편은 퇴직도 했으니 1년 정도는 느리게 살며 내 손으로 직접 나무를 가꾸겠단다. 봄에는 소나무에 올랐다가 떨어지는 바람에 허리 수술을 받았지만 다행히 큰 사고는 아니었다. 36년 직장생활의 노고를 생각하면 그에게 유유자적하는 시간도 필요하리라 생각한다.

우리가 골목 입구 오른쪽 첫째 집이니 골목의 첫인상은 우리 몫이다. 잎갈이하는 소나무 아래를 자주 대빗자루로 정갈하게 쓴다. 빗질 소리는 언제 들어도 청량하다. 얼마 전 앞집 원장님은 나무 아래를 쓰는 남편에게 "주변을 잘 가꿔 주셔서 고맙습니다." 하더란다. "아니, 집 주변 청소는 당연한 일인데 왜 원장님이 고맙다는 거지?" "그러게?" 그게 나도 궁금했다. 옆집 사모님은 "손자 손녀 손잡고 집 주변을 한 바퀴 돌면 힐링이 돼요. 이 예쁜 꽃 내년에 분양 좀 해주세요." 하더란다. '엔젤트럼펫' 얘기다. 꽃구경한 사람들이 너나 할 것 없이 모두 분양 신청을 해왔다. 여러 꽃나무마다 꽃이 풍성하게 피고 지고, 꽃 진자리마다 오도카니 씨방이 맺혔다. 꽃과 꽃씨, 꽃향내까지 '천사의 나팔'이 우리에게 베풀어 준 은덕이다.

브라질이 원산지인 '엔젤트럼펫'은 나팔을 연상시키는 커다란 꽃 모양 때문에 '천사의 나팔'이라고도 부른다. 40여 종으로 종류도 다양하지만 '오렌지 스타'와 '화이트 엔젤'이 많이 보아온 품종 같다. 사전 지식 하나 없이 꽃씨만 심고 싹 트기만을 고대했었다. 올여름을 지내고 보니 물과 햇빛을 좋아하는 성향임을 파악했다. 양지바른 동쪽, 현관 옆 수도 가까이 있는 녀석이 가장 왕성하게 자랐고 꽃송이의 양이나 크기가 우월했다. 다양한 종류 중 사진으로 본 노란색 '오렌지스타'는 꽃이 아래를 보며 주렁주렁 매달려서 폈다. 우리 마당의 꽃은 입에 양손을 모아대고 하늘을 향해 노래하는 모양이다. 모여 앉은 꽃대를 여기저기 이식을 하며 시원하게 여름비를 맞던 기억이 새롭다. 백로白露 지나 아침저녁 서늘해진 기온에도 아랑곳없이 명랑한 기운을 유감없이 흩뿌려준다.

사람이 꽃보다 아름답다지만 무한량 베풀고 공치사 바라지 않는 꽃들이 천사다. 하루하루 뉴스를 대하기 편하지 않다. 국내외 정세는 대치와 갈등으로 끝없이 들끓는다. 거칠 것 없는 정치권의 공방과 당리당략, 무서운 10대들의 행적들, 핵전쟁도 불사할 것 같이 거칠게 대립하는 북미 관계. 세계 곳곳의 기상이변이 주는 엄청난 자연재해. 인간들로 비롯된 온갖 사회 현상들이 사람들에게 고스란히 되돌아온다. 진정 안식이 필요한 이때 환한 꽃과 꽃향기로 작은 동네를 꾸미는 '천사의 나팔꽃', 그들의 위로가 착하고 기특하다. 떠들썩한 세상사가 잠시 잊힌다.

연둣빛 꽃, 찻잎 따다

4월 산색이 화사하다. 눈록嫩綠 나뭇잎과 연분홍 산벚꽃이 한 폭 풍경화를 선사한다. 산길을 오르며 만난 매화나무꽃 진자리에는 콩알만 한 매실이 조롱조롱 매달렸다. 곡우穀雨에 내리는 봄비는 오곡백과를 살찌우고 찔레꽃 필 적 내리는 비는 풍년을 약속한단다. 지난 몇 해 이맘때엔 봄 가뭄으로 들녘이 강말랐었는데 올해는 잦은 비로 들 풍경이 윤택하다. 벚꽃 천지를 이루던 즐비한 벚나무에도 꽃은 가고 분홍 꽃 꼬투리를 비집고 여린 움싹이 잎을 키우고 있다. 흰 봄꽃들 향연은 끝나고 산천물색이 연둣빛 세상이다.

곡우穀雨 전 이른 봄에 딴 찻잎으로 '우전차'를 만든다. 곡우 지나 3일 만에 찻잎을 따러 갔다. 하늘을 드리운 편백숲에 차나무가 늘비했다. 키를 넘는 야생차나무 위로 간간이 볕뉘가 쏟아진다. 숲 그늘에 직선의 햇살이 하늘로 통하는 사다리 같다. 키다리 편백이 마치 부모인 듯 늠름하고, 발치께의 차나무는 어린 자식들 같다. 부모의 자애로운 보살핌 때문인지, 편백 이슬을 먹고 자란 때문인지 야생차나무들이 생기롭다. 하지夏至 지나 잎이 왕성할 때는 잎에서 풍기는 향으로 주변이 진동하지만, 아직 어린잎이라 나무에서 피어나는 향이 풍성하지는 않다. 이따금 새들의 향연이 풍경 소리 되어 적요한 공간을 흔든다. 차분한 숲속이 가는 햇살과 청량한 공기로 가득하니 신령스러움마저 감돈다. 잎눈 트고 나온 보드라운 차 움이 차마 여려서 아프다. 꽃보다 더 아름다운 연둣빛 꽃. 창끝보다 강한 예쁜 꽃. 산비탈을 오르내리다 보니 서너 시간이 훌쩍 지나갔다. 목에 건 보자기를 양손으로 움켜보니 한 움큼이다. 차 따는 이즈음이면 남편이 동행해준다. 몇 시간을 서서 하는 일이라 이내 지루해할 터, 오늘은 홀가분하게 산행을 권했다. 이제 숲은 온통 내 차지다. 새들 노랫소리를 추임새 삼으니 차 따는 일이 한결 신명 났다.

몇 년 전 찻일을 배우고 싶어 지역의 이름 있는 교육장을 찾았었다. 다도茶道는 생활예절 교육으로 시작되었다. 인사와 몸가짐, 언어와 의복 등 배울 내용과 격식이 아주 다양하고 복잡했다. 차와 관련된 내용만 공부하고 싶었지만, 그 모두를 아울러 차 생활이 이루어진단다. 오히려 생활예절에 더 치중하는 듯했다. 바쁘고 할 일 많은 형편이라 느긋하고 한가하게 몇 년을 묶일 수 없었다. 편히 즐기고 수월하게 차를 대하면 좋을 것을 지극히 예를 갖춰야 하는 것이 여간 번거롭지가 않았다. 나는 책을 통해 차에 관심을 두게 되었다. 인도의 요가 수행자들도 차를 즐겼고 옛 성현이나 고승, 대 학자들도 학문을 익히고 수행을 하며 늘 차를 가까이했다. 그 세계가 고상하게 느껴져 선망하게 되었다. 지극한 학문의 경지는 요원하여도 그들이 즐기는 차생활 만이라도 좇고 싶었다. 생활이 도에 이르려면 평생의 시간이 필요하리라. 그러나 욕심 없이 나의 형편이 닿는 대로 해마다 시절에 맞춰 차를 따고 덖고 공부하다 보면 조금씩 나아감이 있을 것도 같다.

곡식 낟알 같이 돋은 움을 한 깃이나 두 움 정도 따니 몇 시간을 공들여도 미미한 분량이다. 숨죽은 찻잎을 펼치니 신선한 풀향이 주방에 넘친다. 남편도 나도 코를 갖다 대고 흠흠 들이켰다. 오염 없는 진향을 온몸으로 마셨다. 씻어 대소쿠리에 담아 물기를 터니 잎에 윤기가 자르르하다. 제대로 된 다구茶具는 없지만 차만 덖는 전용

팬으로 작업하였다. 전문적인 상품으로 겨룰 일도 아니고 서투른 솜씨지만 직접 만들어 가족들과 소박하게 즐길 요량이니 큰 부담은 없다. 선인들의 차를 만드는 경지를 생각하면 따고 덖고 갈무리하는 그 모든 찻일이 한없이 무거울 수 있다. 참맛을 감별하는 일이나 온축된 향과 색을 온전히 피워내는 일은 지극한 예술의 영역이라 생각된다. 그러나 형편대로 익히고 즐기다 보면 어느덧 나의 차 생활에서도 선망하던 다인茶人의 향취가 미약하게나마 전이되리라 기대한다.

참새 혓바닥만 한 설익은 차를 장만했다. 곡우 사흘 만에 찻잎을 땄으니 시기는 괜찮았다. 어린 보드라운 잎을 따는 동안 한 잎이라도 바닥에 흘릴까 소중하게 여겼다. 덖고 식히고 비비기를 반복하며 향이 피어났다 흩어지지 않고 다시 잎 속으로 응축되기를 빌었다.

지난날을 돌아보니 세상 모든 일이 수월하지 않았다. 힘들 때마다 포기하지 않고 묵묵히 버텨내었더니 행운도 따라줬다. 피어난 여린 잎이 한없이 경이롭다. 잎눈 속에 웅크려 비바람을 견뎌냈기에 고귀하다. 분분한 봄날, 아프게 길어 올린 생명을 응시하며 깨닫는다. 삶 속에는 더 정진해야 할 이유가 충분하다고.

함께 산다는 것

저녁 운동을 하러 스포츠센터로 가는 중이었다. 늦봄의 한낮 더위는 여름 못지않지만, 낮과 밤이 만나는 저뭇한 무렵은 살랑대는 바람결에 걸을 만했다. 건널목 앞에서 신호를 기다리는 사람들이 제법 있었는데 앞쪽의 노부부 모습에 시선이 갔다. 붉은 계열 체크 남방에 청바지로 코디한 할아버지와 정갈한 원피스의 할머니 커플이 단연 돋보였기 때문이다. 반백이 넘는 은발의 노부부는 함께 쇼핑을 끝내고 집으로 돌아가는 중인가 보다. 할아버지는 적당한 부피의 장바구니를 양손에, 할머니는 봉지 커피 한 통을 드셨다.

두런두런 들려오는 할아버지 말씀이 이번 선거에 출마한 후보 중 한 분이 꽤 괜찮아 미리 낙점해 두었단다. 그러자 할머니는 그럼 나도 그분을 찍어야겠다고 맞장구를 쳐 주신다. 마트 건너편 우뚝 솟은 아파트 쪽으로 발길을 잡는 것을 보니 아마 그분들 보금자리가 저기려니 싶었다. 집으로 들어가시면 아마 커피를 한 잔씩 마련하여 일주일여 남은 선거 이야기가 오갈 법하다. 그리고 이번 주말에는 분가한 자녀들이 손자 손녀를 앞세우고 찾아오면 좋겠다는 얘기를 꽃피우지 않을까? 평생을 함께 살며 이루어낸 노부부의 정다운 뒷모습이 내내 마음을 따뜻하게 해 주었다.

며칠 전 사무실 차량의 주소지 이전 문제로 차량등록사업소를 들렀다. 민원업무는 언제나 약간의 실랑이가 오가지 않던가. 일을 마무리하고 돌아서는데 창구 직원 중 낯익은 분이 있어 인사를 드렸다. 10여 년 전 우리 집 작은 방에서 잠깐 살았던 'K 주사'였다. 내 남편과는 구청 근무를 함께한 적이 있고 아이 엄마는 나와 동갑내기라 친하게 지냈었다. 그분은 3대 독자여서 딸 셋에 기어이 아들을 낳아 새 아파트로 입주했었다. 반가운 마음에 그 귀한 4대 독자 아들과 아이 엄마의 안부를 물었더니 지금은 이혼하였고 네 명의 아이들도 엄마랑 함께 산단다. 부인이 의부증이 있어 그럴 수밖에 없었으며 자신은 좋은 사람 만나 잘살고 있다는 얘기를 스스럼없이 하였다. 순간 머리가 띵했다. 유난히 심한 입덧으로 고생할 때마다 '그 아들이 뭔지' 하면서도 시어른들의 손자에 대한 집착에 힘들어하던 아이 엄마. 아들을 낳은 후 시부모님의 유산 일부를 상속받았다는 소식에 잘됐다고 했는데 왜 그런 아픈 일이 있었을까?

OECD 국가 중 이혼율 세계 1위라는 수치를 증명이라도 하듯 그들의 이혼 소식은 충격이었다. 이혼의 요인이 마치 아이 엄마에게 있다는 듯 옛 부인에 대한 험담이 오히려 자기의 부정을 변명하는 허튼소리로 들려 씁쓸했다.

이른 시간에 우리 부부는 모악산을 오른다. 나무들의 숨소리가 고요하고 편안하다. 숲속 생명체들은 모두 열반에 든 듯하다. 산에 들어서면 한 주간을 살아내느라 들뜨고 고단했던 심상心狀이 정화되고 편안해진다. 기온이 오르는 계절에는 새벽 산행을 한다. 그러나 대체로 눈이 올 때는 금산사 가기 전의 독배마을 길을, 오디가 나는 철에는 귀신사 맞은편 뽕나무마을 길을, 벚꽃이 난만한 철에는 금산사 꽃길, 좀 많이 걷고 싶을 때는 뽕나무마을로 들어 배재나 화율봉을 넘어 금산사를 거친다. 보통 5~6시간의 산행 동안 아이들 문제나 직장의 일 이야기, 사회의 전반적인 문제 등 두루두루 짚이는 대로 이야기를 나눈다. 혹여 일주일 동안 서로 소원감疏遠感이 있었거나 서운했던 것도 이 시간을 빌려 해소한다. '작은방 소식'을 알렸다.

겪어본 대로 바깥 분한테서 문제가 비롯됐을 것이란다.

평생을 함께하였을 노부부의 아름다운 뒷모습은 우리도 그렇게 나이 들고 싶게 했고, 작은방 소식은 마음 아프지만 타산지석他山之石으로 삼아야 하리라. 부부가 살면서 찰떡궁합으로 마음이 맞아서 살아가는 이들이 얼마나 될까? 크고 작은 마찰과 충돌을 피하고 때로는 맞서면서도 서로 '불쌍하고 가련하게 여기는 마음'으로 하모니를 이뤄나가는 건 아닐까? 우리 부부의 경우도 마찬가지다. 성격이나 취향, 즐기고 좋아하는 일도 비교해보면 통하거나 맞는 것이 거의 없다. 20년 넘게 함께 살면서 기념일을 기억해 준다거나 변변한 생일 선물도 받은 적이 없다. 서운함으로 치면 말로 다 할 수 없으니 매일 부딪치고 싸울 일뿐이지 않던가. 그러나 그 성품을 일면은 포기하고 어느 정도는 인정하니 모든 게 수월했다. 그저 나와 인연을 맺어줘서 고맙고, 함께 우리 아이들을 바라볼 수 있어서 행복하고, 편한 마음으로 같이 늙어 갈 수 있어서 그것이 미더운 것이다.

허차서의 《다소茶疏》에 "옛사람들이 혼인을 결정하면 반드시 차茶를 예禮로 삼았으니, 그 시집간 딸이 옮겨 살지 않는다는 뜻"이라고 한다. 그렇듯, 시어머님이 내게 주신 "평생 변치 말고 아비랑 잘 살아라." 하신 간곡한 당부의 말씀을 나는 지금도 수행 중이다.

4

아모르파티

견월見月

오랜만에 도타운 봄볕을 쬔다. 코끝은 쨍하니 찹고 햇살은 모시올 마냥 곱다. 조금 걸어본다. 청매가 어느덧 만개했다. 이렇듯 봄은 봄인데 봄이 아니다. 지구촌이 '코로나19' 공포로 연일 들끓는다. 대구신천지교회의 대대적인 행사가 바이러스 확산을 증폭시켰다. 전국으로 흩어진 교인들이 전파의 주범이다. 어느 지역 예외 없이 환자가 돌출되고 날마다 늘고 있다. TV고 스마트폰이고 '코로나19' 뉴스로 도배가 되었다. 조용하고 청정하던 전주에서도 확진자가 발생했다. 사단의 진원지인 대구 행사에 다녀온 이가 잠잠하던 전주를 불안에 빠뜨렸다. 연일 네댓 통의 안전 안내 문자를 받는다. 전파의 확산을 막으려는 담당자들의 노력이 처절하다. '종교의 자유' 앞에 무력한 공권력을 보니 허탈하기 그지없다.

타인에 대한 배려라곤 모르는 종교적 이기주의를 보라. 온 나라를 불안에 빠뜨리고도 반성 없는 무뢰배들 아닌가. 또 편향된 종교관으로 광화문 집회를 강행하는 이들. 서울시의 간곡한 호소와 만류에도 아랑곳없다. 종교다움은 차치한 극단의 에고이즘이다. 선거철을 맞아 제1당 쟁취에만 혈안이 된 정치판. 국가적 재난을 정쟁에 이용하는 철면피들. 이 재앙을 극복하기위해 초당적으로 궁구해야할 때 말이다. 국민의 안위는 뒷전이고 당리당략을 앞세운 정치판의 이합집산에 기가 찬다. 정부와 담당 공무원, 질병관리본부 관계자들이 안간힘으로 사투를 벌이는 광경을 아프게 목도한다. 온 국민이 마음 모아 기도하는 이때 잿밥에만 정신 팔린 이들. 본질을 외면하고 늘 입에 발린 헛말로 국민의 심부름꾼 운운하는 그들. 이미 식상했지만 역시 구제불능이다.

다산과 혜장 사이에 오간 시문과 편지를 모아 엮은 견월첩. '견월'은 가리키는 달은 안보고 손가락은 왜 보느냐는 육조 혜능의 화두다. 현상에 가려 본질을 놓치지 말라는 뜻이다. 지금 우리는 모두 아프다. 국민의 안전에 집중할 때다. 하루하루 초조하게 귀를 기울인다. '안심하십시오. 코로나19 완전히 물러갔습니다.'라는 정부 발표를, '그것'만 기다린다. 현장에서 고된 업무에 시달리는 거룩한 봉사자들을 생각하면 생활 반경이 좀 좁아진들 어떠리. 가장 안온한 구석, 일찍 귀가해 숨죽이며 기쁜 봄소식을 고대한다. 종교인이여, 정치판이여, 저 달을 보라!

글바구니

—전북수필 87호를 읽다

무술년이 끝자락을 보일 즈음 주관하는 문학회 송년 행사도 잘 마무리되었다. 총회와 문학상 시상식, 출판기념회 등으로 축제를 끝마무리했다. 빈틈없이 준비하고 잘 치르기 위해 한동안 여념이 없었다. 최선을 다했기에 별 아쉬움은 없다. 이젠 편한 마음으로 읽고 싶은 책을 읽는 게 내겐 가장 큰 위안이다. 장바구니에 보관 중인 책 열세 권을 샀다. '전북수필 86호'를 통해 알게 된 '정호경' 작가의 책 네 권, 태평광기, 하루키와 구효서의 오래전 소설과 피에르 쌍소, 유종원 시선, 이성복 산문집까지. 좋은 글을 읽다 보면 나와는 먼 경지, 자부룩한 글쓰기의 경계를 느낀다. 정호경 님의 익살과 해학, 물 흐르듯이 유려한 문장은 거듭 되짚어보게 했다. 전북수필 87호 출판을 기념하며 회장의 '87호 수필동인지 모두 읽기' 제안은 신선했다. 초대수필을 비롯해 회원의 글이 실린 작품집을 '처음부터 끝까지 읽어보자.'는 발의는 마땅하다. 출판회가 끝나고 토, 일요일 동네 도서관을 찾아 이틀 걸려 다 읽었다.

중풍과 치매 환자가 태반인 요양병원 의사 강병기 님의 글은 읽는 내내 안타까웠다. 돌보는 환자들과 같은 병이 찾아왔다. 뇌경색과 뇌출혈로 인해 한쪽 팔다리에 마비가 온 의사. 엎친 데다 바람만 불어도 아프다는 통풍까지 덮쳤다. 절망은 상상을 초월했으리라. 죽을 것 같은 경련과 통증을 온몸으로 고스란히 감수하며 그래도 생은 포기할 수 없었기에 발가락 움직이기 연습부터 시작했단다. 잦아드는 몸과 마음을 정신력으로 버텨냈을 것이다. 기울어지는 몸을 보행기에 기대어 기우뚱기우뚱 겨우 발걸음을 옮기면서 회진을 돈다. 건강했을 때는 의례적인 회진이었을 텐데, 풍을 맞고부터는 모든 환자가 새롭게 인식되었단다. 동병상련이리라. 보행기에 의지해 〈기우뚱한 균형〉으로 만나는 자신을 진심으로 반겨주는 환자에게서 새삼 감사를 느꼈단다. 마음으로나마 작가의 빠른 회복을 빌었다.

손안에 컴퓨터를 갖고 다니는 현대는 정보 홍수 시대다. 스마트폰의 무한 기억능력은 무엇이든 힘들여 기억하고 생각해 낼 필요가 없게 한다. 필요한 건 무엇이든 다 찾아낸다. 여행의 목적지나 식당 등 온갖 정보와 자료가 내장된 백과사전이다. 그런 만물박사가 손안에 있으니 전화번호를 외울 일도, 노래 가사를 암기할 필요도 없다. 초대수필 〈포도알의 수를 기억해야 하는가〉는 보르헤스의 단편소설 《기억의 천재 푸네스》를 소개하며 검색과 입력, 무한복제와 퍼 나르기에 몰입하는 현대인들에게 경종을 울린다. 예술과 창작은 인간 고유 영역이라 믿어왔는데 인간의 모든 영역을 인공지능에 내주는 때가 머지않은 듯하다. 일본에서는 인공지능이 신춘문예 예선을 통과했다니 말이다. 우주질서까지 상상력으로 버무려내던 작가들, 그들의 기억장치를 가동해 효모라도 있는 듯 세상사를 발효시키고 숙성시켜 슬픔까지도 아름답게 그려내던 작가들에게 그는 주문한다. 굳이 힘들여 기억하고 생각하기 싫어하는 현대인들에게 '포도송이마다 하늘이 울다 웃고 비바람이 춤을 추어 포도주가 익어가는 그 시간의 유산'을 들려주라 한다. 기기에 저장하고 불러내고 관리하는 일만 하느라 실체에 약한 우리다. 상처에 아파하고 어른들의 잔소리를 곱씹고 친구를 배려하던, 그런 인생의 맛을 얼마만큼은 회복해야 하지 않겠냐고.

"문학이란 언어예술은 읽는 이에게 즐거움을 주는 글이 되어야 한다. 수필은 절제를 통해 아름다움을 추구하는 글이다."고 호병탁 평론가는 말한다. 잡문이건 수필이건 칼럼이건 간에 쉽게 읽고 쉽게 느끼고 쉽게 감동할 수 있는 글이 생명력 있는 글이라는 안홍엽 님의 주장과 같은 맥락이다. 안홍엽 님은 문학 후배들에게는 방대한 양이기 때문에 인내가 필요한 《혼불》을, 문학 지망생들에게는 스토리가 있고 감동이 있는 고 장영희 교수의 《문학의 숲을 거닐다》를 권했다. 공감했다. 부녀 사이인 장왕록 박사의 글과, 선하고 유려한 문맥이 특징인 장영희 교수 작품은 읽을 때마다 큰 감동을 받았으니까.

《탁류》의 채만식 소설가는 부농의 아들로 태어나 일본 유학까지 다녀왔다. 찬연한 어휘와 촌철살인의 기개, 독설과 역설적인 문장은 그를 풍자작가로 우뚝 세웠다. 그럼에도 평생 의식주 문제와 병으로 고뇌가 많았다고 한다. 선생은 폐결핵으로 고생하던 말년에 친한 제자 겸 친구인 장영창 시인에게 편지를 보내, "나에게 원고지 20권만 보내주소. 이 편지를 받으면 몸이 좋아져서 글을 쓰려고 하는 줄 알겠지만, 실은 내 생애가 다한 것 같네. 내 평생소원인 원고지를 죽을 때 나마 머리맡에 놓고 죽고 싶다."라고 했단다. 작가의 궁핍했던 형편을 짐작케 한다. 다산 선생이 유배 시절 아암 선사에게 차茶를 나누어 주라고 간절히 부탁하는 편지글 '걸명소'乞茗疏가 생각났다. "나

그네는 근래 차茶 버러지가 되어 버렸으며 겸하여 약으로 삼고 있소. ~ 명산의 고액이 뭉친 차 한 줌 보내주시는 일 ~목마르게 바라는 이 염원, 부디 물리치지 마시고 베풂 주소서." 차茶든 원고지든 남에게 작은 것이나마 부탁하는 일은 얼마나 민망하고 겸연스럽던가.

전북수필문학상 수상 작가 박귀덕 님의 작품은 수록 작품 중 단연 돋보였다. 연작수필 〈무〉는 '무' 가 내포한 중의적인 의미를 채소 '무', 돌아가신 어머니의 존재 없음에 대한 '무', 삼회장저고리의 배색 '무'를 동음이의同音異議로 푼 시도가 산뜻했다. 〈새우등에 핀 박꽃〉은 가풀막진 인생 끄트머리에 매달려 애면글면하며 새우등이 다 된 할머니의 삶을 따뜻한 시선으로 그려 읽는 이의 눈시울을 적셨다. 물기 다 빠진 앙상한 손. 그나마 이 난전이 있어 가족들 생계와 자녀들 학비에 보탬이 되어 감사하다는 이들은 바로 우리의 어머니요, 할머니들이다. 푸석푸석 메마른 할머니의 얼굴에서 박꽃 같은 미소를 읽어내는 작가의 눈길이 유정하다. 바다낚시를 즐기시던 아버지를 따라 바다에 가면 갯벌은 아이의 놀이터가 됐을 테고. 그 소녀가 자라 아버지보다 더 나이 먹은 어른이 되어 아버지를 그린다. 요령 없이 구멍 속으로 쏙 숨어버린 게를 잡으려다 손가락을 물고 놓지 않던 게 때문에 혼꾸멍이 난 일. "게를 허공에서 떼어 내려고 하면 게도 저 살려고 더 꼭 물고 늘어지지. 그럴 때는 게를 땅바닥에 놓아주어야 한단다. 그래야 게도 저 살려고 너를 놓고 도망가지." 돌아 보면 아버지의 말씀은 구구절절 옳았다. 이제야 아버지가 인생의 처음 스승이었음을 깨달았다.

김재환 님의 〈찰강과 메강〉. 뜻이 궁금해 찾아보았지만, 사전에는 없었다. 지역 토박이말인가보다. 첫얼음이 얼거나 얼음이 녹았다 다시 얼어 크리스털처럼 맑고 투명한 얼음은 '찰강', 갈라지고 부서져 상처투성이가 된 얼음판이 다시 얼어 불투명하고 탁해진 얼음은 '메강'이라 했다. 찹쌀과 멥쌀의 비유도 같은 맥으로 보였다. 맑고 순수하며 깨끗한 찰강을 맹자의 '성선설'에, 모진 세상살이에 부대끼며 때 묻은 메강으로 바뀐 인성을 순자의 '성악설'로 인유했다. 병들고 상한 메강의 상처와 더불어 인고의 과정도 살펴 보듬어야 한다고 작가는 말한다. 이는 우리의 또 다른 모습으로 보았기 때문이지 않을까. 찰강도 메강도 날이 풀리면 홀연히 녹아내리는 게 자연의 순리다. 계절이 바뀌면 절망을 딛고 다시 일어서보는 인생. 잇달아 도는 자연에 순응하며 살아가는 우리네 삶의 노래였다.

김영 님의 〈소멸을 위한 생성〉은 사막 여행 이야기다. 일상에서 느끼지 못하는 충만한 감성을 일깨워 보기 위해 우리는 여행을 한다. 자신에게서 도피하기 위한 게 아니라 자신을 되찾기 위해. '내면적인 노래를 충동하는, 희귀한 감각들을 체험하는 것'이 여행이라고, 장

그르니에는 말했다. 이에 비견될 표현은 없으리라. 오래전에 마음 깊이 찾힌 '사막'이라는 단어에 나는 아직도 한 번씩 가슴이 들먹거린다. 어디메쯤 지평선의 휘장을 걷고 태양은 솟아오르리. 노을을 향해 마주 선 사막 여행자가 만드는 역광의 실루엣이라든가, 평발의 청춘이 이룬 사막 횡단 이야기는 차치하자. 태양과 모래와 여행자뿐인 적요의 세상, 신의 영지靈地. 머리카락조차 녹여버릴 듯, 모래를 구워 팝콘을 만들 것 같은 직선적인 태양 아래 나는 한때 방치되고 싶었었다. 흐르는 시간이 멈춘 차안此岸과 피안彼岸의 어느 영역쯤에서. 왜 그런 극한의 사막을 꿈꿨을까? 바람이 실어 나른 모래가 산이 되었다가 언덕이 되었다가 바다가 되는, 뭉텅뭉텅 발자국을 베어 먹는 모래더미를. 그 적막에 앉아 술 한 병을 비우는 일, 모래 침대에 등을 붙이고 누우면 하늘바다엔 주먹만 한 별들이 다닥다닥 덕지덕지 그렁그렁 열려있을 적적하고 고요한 세계를 여태, 불현듯이, 쿨렁, 그릴 때가 있다.

〈마지막 연가〉는 오십여 년 반려로 살아온 부부의 이야기다. "내 각시 내 각시 내 각시", "자네 참 곱네." 이 세상에 이보다 더 어여쁜 낱말이 있을까요?

〈귀찮은 사람〉은 우리의 부모님 이야기였다. '귀찮은 사람'만 오는 곳, 요양병원에 모신 시어머니의 밭은 모습이 애잔하다. 푸르딩딩하고 습진 병실, 몇 달째 병실 침대에 꽁꽁 묶여 있는 어머니께 바깥의 고실고실한 햇살 한 줌 나르고 싶어 하는 며느리의 소망이 애틋하다.

〈실개천이 흐르는 길〉은 국제슬로시티로 지정된 전주가 모티브다. 전주를 대표하는 한옥마을이 전통문화 도시, 유네스코 음식창의도시의 특색을 제대로 살리려면 '느림과 여유'가 회복돼야 마땅하다. 방안으로 제시한 한옥마을에 2~3km 정도 인공 실개천이 흐르게 하자는 작가의 피력이 크게 와 닿았다. 실개천이 흐르는 길이 전주의 상징이 되어 실개천을 따라 천천히 걸을 수 있다면 얼마나 좋을까? 작품 소재를 찾아 런던 시내를 자꾸만 걸었다는 찰스 디킨스처럼, 모든 위대한 생각은 걷기에서 나온다는 괴테처럼, 의자에 앉아서보다 걷고 또 걸으며 일하기를 즐겼던 우보又步 장왕록 박사처럼.

'매화' 하면 퇴계와 두향의 일화가 생각난다. 〈매실과 아버지〉에서 작가는 아버지를 퇴계 선생과 같은 선상에 놓고 회상한다. 찬바람 속에서도 움쩍 않고 꿋꿋이 서 있던 친정 정원의 매화나무. 유학자셨던 쉰일곱 아버지의 막내로 태어난 귀한 인연. 매 한차례 꾸지람 한 번 하지 않으셨고 돌아가실 때까지 책과 붓을 손에서 놓지 않으셨던 아버지. 집 안팎에다 유실수와 갖가지 꽃나무를 심어 가꾸셨으며, 돌담 위에 흙을 얹어 채송화 담장을 어여쁘게 꾸미셨던 아버지.

무릇 선비는 추위를 이기고 피어나는 매화의 기개를 높이 사지만, 아버지는 이상 세계를 추구하면서도 생활에 소홀하지 않았다. 어린 날, 흔들리는 나뭇잎을 보고 '나뭇잎이 춤을 춘다.'는 한마디에 장차 '글 쓰는 사람이 되겠다.'는 말씀대로 글을 쓰는 작가가 되었다. 아버지의 선견지명이 입증된 셈이다. 매화원 바닥에 떨어진 매실을 보니 한약 재료 '오매'를 만드시던 아버지가 새삼 그립다.

문학 동호인이 엮은 책 한 권에는 다양한 무늬와 소리, 모양과 숨결, 생각과 철학이 숨 쉬고 있었다. 갖가지 빛깔의 개인성을 발현하면서도 하나로 어우러진 둥근 세상을 보았다. 조화롭고 향기 풍성한 꽃바구니, 글바구니를 읽었다. 한 권의 수필집을 읽는 내내 별별 새로웠다.

먼 서쪽을 꿈꾸다

비꽃이 톡톡 듣는다. 쨍쨍 맑던 하늘이 금세 중후한 회색빛으로 무겁게 가라앉았다. 비가 오기 시작할 때 떨어지는 성긴 빗방울. 이마에 한 낱씩 내려앉는 비의 방울. 동짓달답잖게 기온이 푸근하다. 날씨에는 아랑곳없이 참새떼 한 무리가 경쾌하게 날아간다. 이런 날은 뭣보다 책 읽기에 적격이다.

그녀의 책 《일몰을 향해 가는 길》을 거푸 읽었다. 꽃빛발 청춘이 쓴 산티아고 순례기다. 순례 여정을 따라 만난 여러 나라 사람들과의 우정, 이국적 정서가 주는 낯선 풍경의 친근함, 길 위에서 느낀 정감 어린 서정이 사랑겹다. 시립도서관으로 가서 정독하고 집 서재에서 다시 읽었다. 젊은 날의 내 모습이 얼비쳤기 때문이다. 그 시절 나는 왜 그리 '길'을 열망했던가. '사막'에 대한 막연한 동경. 돌이켜 보면 무모하고 허망한 갈구였다. 그 '가지 않은 길'에 대한 미련 때문에 전국의 산을 두루 섭렵하는 '산 아가씨'가 되었다. 휴일에는 영락없이 산에 속해 있었다.

인천공항에서 서쪽으로 날아 스페인 마드리드까지는 1만여 킬로미터의 거리. 비행시간만 해도 15시간여 걸리는 먼 길이다. 세상 수많은 길 중에서 작가는 왜 '산티아고'를 선택했는지, 무엇을 희구했는지 궁금했다. 작가가 궁구하는 고뇌와 희열에 공감해 보고 싶었다. 자신의 '길'을 찾기 위해 학창시절에는 촌음마저 아껴 공부했겠고, 대학에서는 전문가가 되기 위해 잠을 아꼈으리라. 우리나라 최고의 미대를 졸업했고, S그룹 공채에 합격해 지금은 디자이너로 당당하게 자기의 세계를 자리매김했다. 스페인 사람보다 외국인이 더 많다는 인터내셔널 테이블에서 무엇을 얻었을까.

작가는 그녀의 스물네 번째 크리스마스를 프랑스로 날아가 그가 좋아하는 화가 고흐의 묘지 앞에서 맞는다. 고흐와 나란히 누워 그를 지키고 있는 동생 태오에게도 감사의 인사를 전한다. 많은 이들이 기쁨에 들떠 일렁이는 크리스마스 풍경을 뒤에 두고 진정한 기쁨을 찾아 먼 곳으로 이동한 것이다. 앞으로 시작할 순례 여정에 '고흐

아저씨'의 응원을 힘입고 싶었단다. 자신이 날아온 동쪽을 등지고 일몰을 향해 끝없이 걸어 대서양에 닿으면 한층 성숙한 자신을 발견할 수 있으리라 믿으며. 바람 부는 고흐의 밀밭 위에서 순례 노정을 완성한 후에 다시 찾아오리라 다짐한다.

책을 읽으며 이국의 생소한 지명이 내내 즐거움을 주었다. 낭만적으로 들렸고 발랄한 생기가 느껴졌다. '생장피에드포드'라든가, '몽파르나스 역', '바욘', '테제베 고속철도' 등등. 어서 나도 그 지명 하나하나 짚어가며 내 발 도장을 찍고 싶었다. 젊은 날, 키 큰 배낭을 메고 그저 하염없이 걷고만 싶었던 시절이 있었다. 늘 '길 위의 시간'을 선망하며 걷고 또 걸었던 그때가 그리웠다. 순례는 프랑스의 국경 도시 생장피에드포드에서 시작, 스페인의 산티아고 데 콤포스텔라 대성당에서 일단락됐다. 작가는 대성당 앞에 서서 인생의 새로운 역사를 이룬 성취감에 벅찬 눈물을 흘린다. 인간의 가장 오래된 이동 수단인 '걷기'를 통해 30일간 808km 걷기를 완성한 것이다. 대성당 미사 참여를 마치고 대륙의 끝인 동시에 대서양을 만날 수 있는 '피스테라'까지 4일간을 더 나아가 929km 여정으로 걷기를 끝맺음했다.

우리는 각자 자신의 삶이라는 짐을 짊어지고 살아간다. 보통 10kg에 맞춘다는 순례자의 배낭을 '삶의 무게'에 비유하곤 한다. 스물넷의 삶이 주는 무게가 어느 정도의 위압감이 있었기에 그 해법을 찾으려 길을 나선 것일까. 프랑스와 스페인의 국경인 피레네산맥을 넘으며 앞으로 맨 크로스백과 덩치 큰 카메라, 배낭의 무게에 짓눌려 두 발이 자꾸 멈춰져 나아가기 힘들었다고 고백한다. 쏟아지려는 눈물을 어금니 꽉 물고 안간힘을 쓸 때, 앞서가던 일행 중 스페인 친구 '베드로'가 되돌아와 배낭을 들어 준 호의에 힘입어 순례 첫날 여정을 무사히 마친다. 30일간의 순례를 마치고 산티아고 데 콤포스텔라 대성당 앞에서 회상하길, 첫날 피레네산맥에서 순례를 포기하기 직전 베드로의 응원이 없었다면 순례는 완성되지 못했을 거라고…. 한 달간 메고 다닐 배낭 무게를 조정하는 일이나, 커다란 카메라는 화질과 성능은 좋겠지만 카미노를 걷기에는 어울리지 않는다는 깨달음. 온전한 걷기를 통해 우리 인생에는 포기할 것과 조정할 부분이 많다는 지혜를 터득했으리라.

산티아고 길은 '국제적 테이블'이라는 표현처럼 세계 각국의 젊은이와 중년, 노년에 이르기까지 광범위한 사람들이 찾는 길이다. 각자의 신체 리듬과 일정에 따라 혼자 또는 함께 걸으며 만났다가 흩어지고 다시 만나기도 한다. 아름다운 풍광을 만나면 잠시 배낭을 내려 한 호흡 숨을 고르는 여유는 여행자만이 누릴 수 있는 인생의 선물일 것이다. 몸과 마음에 순수하게 흡수된 자연의 풍경들은 일상으로 돌아와 직장에서나 인간적인 어려움에 맞닥뜨릴 때 커다란 위로와 치유가 되지 싶다.

그들이 부르기 쉬운 이름으로 내 이름은 미셸 Michelle이라 소개했다. 한국인 순례자 코, 그녀는 '곡을 쓴다'고 했다. '그림 그리는 여자'와 '곡을 쓰는 여자'의 만남. 훨씬 빠른 속도로 걸을 수 있지만 길 위의 사람들과 대화를 나누며 천천히 걷는다는 나초, 나와 코는 항상 앞서가는 사람의 뒤를 쫓느라 바빴다. 우리가 오늘은 먼저 출발하기로, 우리가 앞서 걸어 생기는 발자국을 보고 다른 일행이 뒤따라온다는 생각을 하니 무척 설레었다. 한 시간 반 만에 따라잡혔지만. 높은 곳에서 바라보니 저 멀리 내가 걸어온 길들이 한눈에 들어왔다.

유난히 길이 헷갈릴 때마다 발아래를 유심히 살폈단다. 이미 앞서간 순례자들의 발자국을 찾아 걸으며 뒤따라오는 저들을 위해 길을 안내할 선명한 발자국을 남기기 위해서. 순례길 안내는 조개 모양의 이정표가 담당하지만, 앞서간 순례자들의 발자취는 뒤따르는 이들의 이정표가 될 수 있기 때문이다. 헷갈리는 조개 이정표로 인해 시간을 허비하며 고생한 경험을 두고 보더라도, 뒷사람을 위한 발자국은 책임감 있는 또 하나의 표식이 되기 때문이다.

이제는 속도에 연연해하지 않고 내가 걷고 있는 이 길을 누리면서 걸어보자고 마음속으로 다짐했다. 스페인에서 12월 31일을 보내며 스페인 전통대로 새해맞이를 하기로 했다. 열두시를 알리는 종소리가 울릴 때마다 미리 준비해 둔 포도 열두 알을 그 소리에 맞춰 먹는 것. 해피 뉴 이어. 페리스 아뇨 누에보. 스페인 작은 마을 '아예기'에서 스물넷이 아닌 스물다섯 살이 되었다.

특별할 것 없는 연말이고 연시지만 살면서 우리는 한 해 마지막 날이나 새해 첫날에는 큰 의미를 부여한다. 울려 퍼지는 우렁찬 종소리에 슬픔도 어려움도 낡음도 결핍도 모두 날려버리고 새해에는 새롭게 시작하는 설렘으로 희망에 부푼다. 다 잘 될 것 같고 기쁜 일이 많기를 기원한다. 지난해의 버겁고 힘들었던 시간을 다잡고 다시 새로운 여정의 첫발을 힘차게 내딛는 것이다. 책 속에 빠져 나도 그녀와 함께 새해를 맞으며 그녀의 스물다섯 살에 힘찬 성원을 보탰다.

"저 사람들은 순례자가 아냐 미셸, 너는 끝까지 걸어야 해!" 카미노 위에서 만난 사람 중에 탈것을 타고 순례하는 사람은 한국인밖에 없었다. 카미노를 소중하게 생각하는 스페인 사람들에게 카미노를 쉽게 완주하려는 한국인이 마냥 좋게 보이지 않았다. 세라·산티아고 부부, 보니카·앙겔 부부, 그들과 일정에 따라 잠시 헤어졌다가 인연이 닿으면 언젠가는 다시 만날 수 있는 이별. 이별에 너무 아쉬워 말 것. 카미노가 붐빌 때 알베르게에 침대가 모자라면 자전거로 순례하는 순례자가 더 멀리 가는 것이 관례다. 이곳은 침대가 하나뿐이라

내가 다음 알베르게로 좀 더 걷기로 했더니, 한국인 여자 순례자는 고마워했다.

두 갈래 갈림길. 둘 다 장·단점이 있다. 내가 걸어온 길은 칼사디야 데 로스 에르마니요스 루트. 많은 이들이 걷지 않는 길이기에 도로와 거리가 멀어 자연을 가까이 느낄 수 있지만, 편의시설은 기대하기 어려웠다. 수많은 순례자들은 이런 갈림길에서 선택의 과제를 받으며, 선택의 결과를 순순히 받아들여 걷는다. 유난히 붉게 타오르는 태양 빛 아래 새들이 아침을 맞이하며 깨어나는 이 순간, 오늘 내가 이 길을 걷지 않았다면 볼 수 없었을 황홀한 순간마다 감사를 거듭하게 된다.

겨울 산티아고는 눈 덮인 설경과 따스한 봄날, 파스텔 빛 하늘과 청 푸른 초원의 신선함 등 사계절을 모두 만끽할 수 있단다. 세계의 순례객들로 붐비는 길이 겨울에는 그나마 한적하게 즐길 수 있다고 한다. 겨울 카미노에서 배낭과 카메라를 메고 하루 2~30km를 걷는 일은 얼마나 힘들 것인가. 그나마 자신이 스스로 불러온 여정이기에 그 길은 고통과 행복을 함께 선사했을 것이다. 길은 곧 인생이다. 배려와 양보를 배우는 학교다. 인내와 감사를 키우는 현장이다. 비에 흠뻑 젖어서 걷다가 비가 그치면 완벽한 반원의 무지개가 주는 환희, 기차가 지나가는 다리 위를 걷는가 하면 프로미스타를 향하던 중 뜻밖에 만난 운하, 이런 이국적 정경들은 생소한 기쁨과 함께 큰 위로가 되었으리라.

작가는 스페인어 중에서 처음으로 '그라시아스'를 배운 것처럼 카미노를 오게 했던 과거의 수많은 일련의 과정과 길 위에서 만나고 배웠던 그 모든 것에 '감사' 가 넘친단다. 수없이 뇌고 되뇌었지만 이 감사한 마음을 전하기엔 모자란다고 말한다. 산티아고를 향해서 카미노는 서쪽으로 향해 걷도록 길이 나 있단다. 비 오는 흐린 몇 날을 제외하고는 늘 황홀한 일몰과 마주했으리라. 그래서 책 제목도 《일몰을 향해 걷는 길》이라고 했나보다. 한 시인이 '마흔의 나이에도 일몰 앞에 서면 눈물이 난다' 했듯, 일몰 앞에서 우리 인간은 한없이 솔직하고 겸손해진다. 작가는 순례 동안 가장 많이 생각하게 된 것이 바로 '행복' 이었단다. 순례의 목적과 이유, 이 모두가 '행복'으로 가는 과정이었으리라. 공감한다. 행복과 감사는 이음동의어가 아닐까. 해가 지는 서쪽! 그러나 해는 지면서 이내 뜨기를 준비한다. 소멸인 듯 시작인 것이다.

책을 덮고 나에게도 새로운 꿈이 생겼다. 산티아고는 먼 서쪽에 있다. 원서遠西다. 그러나 나는 꿈꾼다. 환갑을 맞이하기 전에, 제2의 인생을 시작하기 전에, '산티아고 순례'를 결행하리라고. 산티아고 순례를 완성하고, 이제 서른을 향해 걷고 있는 조카 최은영 작가의 앞날을 응원한다. 제2, 제3의 책 출간이 기대된다.

아모르파티

아모르 파티는 '필연적인 운명을 긍정하고 사랑하라.'는 니체의 말이다. 체념이나 굴복의 의미보다는 자신에게 일어나는 일을 수긍하는 것. 고통까지도 적극적으로 받아들일 때 진정한 자유와 창의성이 발현된다는 말이겠다. 최민식 사진작가의 삶을 마주 놓아본다.

우연히 헌책방에서 사진집 한 권을 샀다. 흑백 질감이 주는 담백한 감동이 꽤 매력 있게 다가온다. 며칠 후 그의 책 몇 권을 더 샀다. 한 장의 사진에 눈길이 멎었다. 처네를 둘러 손자를 업은 협수룩

한 할머니. 머리는 얄따란 수건으로 감쌌고 등에는 두엇 살 남짓한 어린 손자를 업었다. 왼손에 국수 사발을 들고 오른손은 젓가락으로 국수를 집어 왼쪽 어깨너머로 아이의 입에 국수를 물리고 있다. 아이의 입을 찾느라 고개를 모로 돌린 할머니의 목에 일 경련이 고스란히 전해온다. 호옥, 아이는 국수발을 빨아들일 테다. 아기의 얼굴과 입 주변이 땟국으로 꾀죄죄하다. 칭얼대는 손자를 업고 국수로 달래며 아마 돈벌이 나간 며느리를 기다리는 중이 아닐까. 아들의 벌이가 시원찮아 며느리 볼 낯이 없다. 사진은 얼마나 직설적인가. 이 또한 깊은 함의의 글발이 아닌가. 구구절절한 사연보다 한 장 사진이 주는 말이 더 명료하다. 말보다 더욱 뜻 깊고 다채로운 말 너머의 말이 사진이다. 너나 할 것 없이 궁상스러웠던 시절, 저렇듯이 보살펴 줬을 내 할매를 생각 키운다. 녀석이 무럭무럭 잘 자라 주름진 할매 얼굴에 함박꽃 웃음을 선사했으면 싶다.

최민식 사진작가는 1950년대 중반부터 조국의 모습을 카메라에 담기 위해 거리로 나섰다. 전쟁 후유증으로 신음하는 상처 입은 동족의 슬픈 얼굴. 망막을 통해 들어온 피사체는 다름 아닌 이웃이요 친척이며 가족이고 자신이었다. 조악한 식사, 지친 노동자, 가난뱅이, 눈먼 걸인… . 고난과 시련을 견뎌내는 인간의 고통을 직시하며 그들을 사진에 담아왔다. 사회의 모순과 부조리에 대한 통찰과 고발을, 동정적 의미보다 삶의 존엄성을 아프게 일깨우고 싶었단다. 그는 줄곧 서민들의 소박한 모습을 작품의 소재로 삼아 왔다. 어릴 때부터 미술과 서예에 솜씨가 있었지만 가난이 싫어 초등학교를 졸업하고는 가출했다. 품팔이, 공장 생활, 지게꾼, 넝마주의 등 갖은 일을 경험하다 일본으로 밀항해 동경 중앙미술학원에서 공부를 했다. 무심히 동경 헌책방을 돌다 뜻밖에 미국 사진작가 '스타이켄' 편집의 사진집 《인간 가족》 The family of man을 만났다. '인간'을 소재로 한 사진에 감동했다. 화가에서 사진가의 길로 방향을 전환한 계기가 되었다. 하루같이 '인간'을 주제로 서민들의 생활 주변에서 삶의 진실과 허식 없는 인간 본연의 모습을 포착하고자 노력했다.

미술학원 졸업 후 독학으로 사진을 연구하며 창작에 몰두했다. 스타이켄 사진집을 만난 지 10여년 만에 영국 《사진 연감》에 '스타 사진가'로, 미국의 디반보트 시립미술관 초청 '위대한 사진가'로 선정이 되었다. 이어 동아일보사의 지원으로 첫 사진집 《인간》 제1집을 펴냈다. 사진 작업은 부산, 그 중 '자갈치 시장'이 주된 무대였다. 한국을 대표하는 다큐멘터리 사진작가로 '휴먼'은 14집까지 발간됐다. 위대하지도 아름답지도 않은 필부필부匹夫匹婦의 삶을 수없이 담았다. 고달프고 굶주렸던 시절부터 우리의 가난한 모습을, 부끄러운 모습을 어쩜 저리도 다양하고 당당하게 잡아냈을까. 누추한 입성의 표정을, 누더기 속에서도 약동하는 눈부신 아이들을 기차게 잡았다. 작가의 사진집을 보면서 그 분의 삶이 궁금했고 끌렸다. 초등학교 졸업이 공식 학력이지만 대학 강단에까지 섰다. 발간한 '사진 평론집'을 평가한 부산대학교에서 강의 의뢰가 왔단다. 몇 권의 책을 읽다보니 그의 열정적인 독서벽이 심금을 울렸다.

나는 뚜벅이를 자처한다. 걷기를 좋아해 '우보'又步 호를 자선自選했다. 최민식 작가는 나보다 몇 술 더한 뚜벅이다. 수십 년간 하루 3만 보 이상을 걸었단다. 무거운 카메라를 메고 열 개 발가락에 물집이 잡히도록 시장통을 날이면 날마다…. 걷고 걸으며 사람을 만나고 풍경을 포착했다. 걷다보면 시장 전에 애호박과 호박잎 서너 무더기뿐인 좌판을 펼쳐놓은 할머니, 낡은 담벼락에 기댄 채 초점 없는 시선으로 담배를 피워 물고 선 초로의 남자, 한 손은 뒷짐 지고 한 손은 생선 둬 마리 쳐들고 흥정하는 허리 굽은 아낙들이 보인다. 가난하지만 질기게 살아가는 건강한 그들, 살고자 하는 생기와 따뜻한 마음과 맞닥뜨릴 때마다 가방 맨 쳐진 어깨를 다시 한 번 추어올릴 수 있었다. 걷고 또 걸어야 도처에서 삶의 생생한 풍경을 붙잡을 수 있다. 크게 차이나지 않는 고만고만한 우리들의 삶. 객이 아니고 관찰자가 아닌, 풍경 속에 동화되고 녹아들어 감개무량할 수 있는 시선으로 낚아올린 그림들. 사진은 우리들의 모습이 반영된 종이 거울이다. 그 거울 속 주인공은 바로 자신이고 적나라한 우리들이다.

그가 좋아하는 사진 공부와 작업은 희열이었고, 헌책방을 도는 일은 즐거움이었다. 한때 만여 권에 이르렀다는 그의 서가에는 묵은 책들이 겹쳐 놓였고, 다양한 분야의 책들로 즐비했단다. 그가 대학 강단에 설 수 있었던 근원적인 힘은 무엇인가. 발로 뛰는 성실함과 더불어 못 말릴 독서가였던 그, 그의 서재를 주목한다. 노랗게 전 일본 책부터 잉크 냄새 선연한 신간까지 전방위적으로 책들이 밀집해 꽂혀 있는 이름하여, '작은 교보'였음을. 그의 '나는 글재주가 없고, 삶의 체험은 많으나 표현력이 부족하다.'는 말은 명백한 헛말이다. 오랜 사진 창작에서 체험한 글은 자체로 큰 울림을 주었다. 사진 작품의 소재도 부유하고 잘난 사람을 찾아 찍는 게 아니다. 발전하고 휘황한 조국의 모습을 찍어 자랑해야 좋을 걸, 가난하고 찌든 풍경을 찍어대는 그는 국가 기관에서 주시하는 요주의 인물이었다. 수없이 신고 되어 경찰서에 불려 다녔고, 간첩으로 백 번 넘게 신고 당하는 수난 속에서도 굴하지 않았다. 가난에 맞선 이들에게 다가가는 것이 자신의 사진이고 예술이라 믿었다. 진정한 자유와 창의성으로 작품을 승화시켰다. 우리나라를 대표하여 세계적인 다큐멘터리 사진작가로 생을 완성했다. 사심 없는 그의 선한 시선이 더없이 순박하다.

순명하며 21세기를 살고 있다. 그가 말했다, 삶이란 자신을 망치는 것으로부터의 싸움이라고. 인간은 부유해지거나 위대해질 의무, 현명해질 의무는 없지만 모든 인간은 성실할 의무가 있단다. '성실할 의무', 나를 돌아보니 괴리감이 크다. 이로써 다시 마음을 다진다. 그의 사진은 과거를 이해시키고 사람의 정신과 감정을 확장시켜준다. 그는 운명을 사랑했다. 자신에게 주어진 삶을 비켜가지 않았다. 전후 시대의 가난과 질곡을 의연하게 견뎌내 자신의 힘으로 별이 되었다. 아, 아모르파티!

오경명성五庚明星의 기적을 염원하며

새들 노랫소리에 봄꽃들이 만발하더니 산산한 바람에 꽃들이 졌다. 잎이 꽃보다 아름다운가, 꽃은 이내 잎을 피워냈다. 움싹의 담록이 진초록으로 짙어지고 나뭇가지에 떼로 앉은 새들은 모국어로 노래한다. 새들은 너나없이 소프라노 가수다. 며칠 후면 아버님 기일이다. 시부모님 고향은 황해도 은율. 고향에 과수원과 정미소를 남의 손에 맡기고 자식들 교육을 위해 평양으로 이주해 일가를 이루셨다. 평양에 기와집을 장만하셨고 다섯 남매의 교육 보험도 들어 자녀들을 위해 꼼꼼한 준비를 하셨단다. 잠깐 전쟁을 피했다가 평양으로 돌아가리라 했던 일이 물거품이 되었다. '평양제일 고등학교'에 다니던 큰아들과의 이별은 평생 한이 되었다. '파일럿 양성 계획'에 선발되어 모스크바로 떠날 아들과는 전쟁이 끝나면 고향 은율에서 만나기로 약속했단다. 그 두고 온 아들 때문에 시어머니는 울화병까지 얻으셨고 말년에는 중풍으로 고생하다 돌아가셨다.

2018년 4월 27일 09:29. 만천하의 눈이 판문점, 이곳으로 집중되었다. 남과 북의 지도자가 세계 평화와 남북통일을 위해 만나는 역사적인 현장이다. 휴전 협정 체결 후 65년이 흘렀고 정상들의 만남은 11년 만이다. 이 중차대한 시점에 오래전 읽었던 육관도사 손석우 옹의 책 《터》가 떠올랐다. '오경명성'五庚明星이 비추는 나라는 국운이 상승하는데 머지않아 우리나라가 그 기운을 발휘할 거라는 예언. 그날이 오면 우리 대한민국은 전 세계와 인류의 종주국으로 떠오르리라는 벅찬 예고로 한때 온 나라가 떠들썩했었다. 오늘의 감격스러운 만남이 그 참언讖言의 실현인 듯싶었다.

남쪽 군사분계선을 향해 걸어오는 김정은 위원장의 모습은 맑은 동심이 잘 표현된 한 폭 그림 같았다. 환하게 웃으며 걸어오는 늠름한 풍채에서 근엄함보다 무구한 소년처럼 느껴졌다. 두 정상이 손을 맞잡고 남쪽으로 건너왔다, 북녘으로 옮아가며 경계를 넘나드는 장면은 예술적인 퍼포먼스였다. 감동의 드라마였다. 아버지와 아들뻘

되는 연배지만 서로를 배려하는 화기애애한 정경에서 좋은 예감이 들었다. '평화의 집' 앞마당에는 전통의장대 사열을 위한 레드카펫이 깔려 있었다. 두 정상은 간략하게 준비된 의장대 사열이 끝나자 양측 공식 수행원들 소개와 기념촬영을 마치고 회담을 위해 '평화의 집'으로 들어갔다.

돌아보면, 불과 몇 달 전만 해도 전쟁의 위기감이 최고조에 달해 온 국민이 불안에 떨었다. 두 지도자의 밝은 모습을 보니 일면 안심이 되고 이런 완벽한 반전이 있을 수 있는가 믿어지지 않았다. 프레스센터의 대성황도 볼거리였다. 세계 40여 나라에서 파견된 3,000여 명 기자들도 일제히 대형 모니터 속 두 주역의 일거수일투족에 집중하고 있었다. 정신없이 기사를 작성하고 감명 깊은 영상을 본국으로 전송하느라 분주해 보였다. 서로 숙의하고 어떤 장면에서는 일제히 박장대소하며 일사불란했다. 온 세계인들에게 감동적인 모습을 선물한 두 정상이 오늘은 진정한 주인공이자 영웅이었다.

소떼 길의 '소나무 식수'도 가슴 뭉클했다. 휴전 협정하던 해에 의미를 실어 1953년생 소나무를 정상들은 함께 심었다. 공교롭게 우리의 대통령께서도 소나무와 같은 해에 태어나셨다니 더 의미가 깊다. 백두산과 한라산의 흙을 함께 덮어주고 대동강과 한강 물을 아울러 뿌려주니 남과 북이 한 몸 되어 낳은 자식 같았다. 표지석에 새긴

'평화와 번영을 심다' 문구와 두 정상의 나란한 이름, 날짜가 그 증명이 되었다. 어서 통일이 되어 온 국민의 성원을 받아 튼튼하게 자라고 있을 판문점의 소나무를 꼭 찾아가 보고 싶다. 그 날이 하루빨리 왔으면 좋겠다.

오늘 두 분이 만들어 낸 또 하나의 명장면은 도보다리 위의 '산책회담'이었다. 수행원과 기자들 없이 평화로운 자연 속에서 그분들은 단둘이 앉았다. 새소리를 들으며 나누는 난상숙의爛商熟議는 보여주기 위한 연기가 아니었을 것이다. 서로 다른 이념이나 체제는 차치물론했다. 정치적 계산도 없을 리 없었겠지만 공동의 평화와 번영을 위해 진정성을 가지고 마주 앉은 것이다. 민족의 통일을 한마음으로 염원하고 남북관계는 물론 다가올 북미 회담에 대한 많은 조언과 정보를 서로 주고받았으리라. 첩첩의 난제들을 풀어나가기 위해 함께 협력하자는 의견일치도 보았을 것이다.

정답고 화목한 여러 장면을 보면서 성공적인 회담을 미리 점쳤지만 공동 선언문 내용이 초미의 관심사였다. 국내 야당 정치권의 공세나 미국이 요구하는 '완전한 비핵화'가 선언문에 문구로 명시하는 것이 관건이기 때문이다. 드디어 두 정상은 판문점 선언문에서 '완전한 비핵화'를 선언하였다. 모두가 벅차게 환호했다. 이제 하나하나 이루어 나갈 일만 남았다. 종전을 선언하고, 휴전협정을 평화협정으로 전환하고, 남북이 자유롭게 왕래할 수 있다면 더 바랄 게 없을 것 같았다. 주변 강대국의 틈바구니에서 남북이 하나로 뭉치면 이전보다 훨씬 강성한 대한민국이 될 것이다.

만찬장의 임의로운 뒷얘기는 들을수록 흐뭇했다. 김정은 위원장이, "대통령께서 맛있게 드셔주시면 좋겠다."던 '평양냉면'과 독하다고 소문난 '문배주' 술맛이 무척 궁금하다. 평화의 집 앞마당에서 펼쳐진 환송 공연 '하나의 봄'. 평화의 집을 대형스크린으로 활용한 발상이 기발했다. 희망을 향해 바다로 나아가는 영상과 피아노와 사물놀이의 절묘한 하모니는 공연의 극치였다. 두 정상의 불콰하게 물든 노을빛 얼굴, 꼭 잡은 두 손, 이 광경은 바라보는 모든 이들에게 겨운 감동을 선사했다. 베를린 장벽이 무너졌듯 우리의 통일이 코앞까지 다다른 듯 벅찬 기대가 치밀어 올랐다.

'판문점 선언'을 세계만방에 선포한 이 날은 기적이 일어난 날이다. 남북의 두 지도자는 12시간여 동안 많은 성과를 만들어 냈다. 가을에 있을 남북정상회담, 8월의 이산가족 상봉 계획, 남과 북의 철도 연결, 개성공단 재개 등 산적한 일들이 상상을 초월할 것이다. 온 국민의 기대와 염원이 순조롭게 잘 이루어지기를 빌고 또 빈다. 어서어서 철도를 이용해 자유롭게 북한 땅을 밟아 보고 싶다. 러시아를 거쳐 유럽까지 나아갈 날도 손꼽아 기다린다. 또 하나의 소망, 시부모님이 사셨던 평양과 은율, 그분들의 고향 땅도 찾아가 보고 싶다. '오경명성'의 예언이 기적으로 완성되면 얼마나 좋을까!

*** 손석우 옹 《터》에서 언급한 '오경명성'**

육관도사 손석우 옹은 1993년 7월 발행한 《터》에서 한 가지 주목할 만한 예언을 하였다. 예로부터 〈오경명성〉이 비치는 국가는 큰 발전이 있었는데. 영국에 이 별이 비친 81년 동안에 해가 지지 않는 대영제국으로 발전했고, 미국에 오경명성이 비친 172년 동안 광활한 황무지에서 세계 최강국으로 발전하였으며, 오경명성이 한국으로 건너오는 도중에 약 5년 3개월간 일본을 비추는 동안 일본의 경제력이 크게 향상되었다. 한국에 오경명성이 비친 것은 1986년 9월 14일부터이니, 이후 우리나라는 국운 상승의 시대를 맞이하였는데, 3백81년 동안 이 별이 비추게 되어 있어, 이 기간에 한국은 전 세계 인류의 종주국으로 떠오르리라는 내용.

진달래 꽃술

봄은 바람으로 다가와 꽃으로 머문다. 옷섶으로 파고드는 매운바람이 계절의 발걸음을 머뭇거리게 한다. 움츠러들고 소침해지기 쉬운 이즈음 산엘 오르면 나무들의 숨소리와 푸른 기운을 느낄 수 있어서 좋다. 양지바른 산 아랫녘에는 이른 진달래가 꽃망울을 터뜨렸고 여린 이파리 물고 선 거무스레한 나뭇가지의 그림은 한 폭 연둣빛 수채화다. 산 중턱 꽃가지엔 살짝 건드리기만 하여도 터질 듯 꽃숭어리들이 통통히 부풀었다. 송이송이 진달래는 지나가는 발소리에 놀라 금방이라도 꽃을 피울 것만 같다. 남편은 지천명이 지났어도 여태 소년의 마음이 있다. 산엘 오르며 만나는 몽실몽실 피어난 진달래꽃 무리를 그냥 지나치기가 아쉬운지 꽃잎을 입에 한가득 담고 우물거린다. 어린 시절에는 요깃거리로 먹었던 참꽃, 그때나 지금이나 꽃이 무슨 맛이 있으랴. 맹맹하고 밍밍한 것이 몇 번 오물거리면 금방 물이 되어버리는 맛없는 맛. 시절이 좋아 이제는 꽃으로 배를 채우기보다는 그냥 꽃 본디대로 즐길 수 있음이 얼마나 감사한가.

진달래꽃전, 꽃부꾸미, 진달래술, 꽃술.

내겐 젊은 나이에 혼자되신 고모 한 분이 계시다. 아니 어쩜 내가 기억하는 처음부터 고모는 혼자셨다. 좁은 어깨에 아담한 체구로 한복이 참 잘 어울리셨고 음식솜씨며 예의범절, 칼칼한 성품이 옥양목처럼 정결하고 담아淡雅하셨다. 미인박복美人薄福이란 말이 있듯 돌이켜보면 그런 단정한 매무새와 야문 손끝이 오히려 고모의 박복을 부르지 않았을까 싶다. 우리 집 가까이 사시며 나와 오빠의 생일이면 가만히 불러 상을 차려 주신 일이나, 내가 중학생 된 것이 대견하다시며 선물로 사주신 '빨간 중학생 가방'을 잊을 수가 없다. 한복 바느질을 하시며 소생은 없었지만 선천적인 모성은 감출 수 없어서인지 우리에게 남다른 정을 베푸셨다. 명절이면 예쁜 색동한복을 만들어 주신 일, 그 시절 색동저고리 입은 아이는 동네에서 나 하나였다. 고등학생이 되어서야 어머니께서는 아이를 못 낳아 소박맞은 고모의 이야기를 얼핏 하셨다.

먼 산에서 처어렁 처어렁 두견새 울음이 가슴으로 쏟아진다. 진달래가 만발한 봄밤이면 고모의 한숨과 피를 뱉는 두견이의 절곡絕哭에 한 잎 또 한 잎 꽃잎 듣는 소리가 들리는 듯했다. 참꽃이 지천으로 흐드러진 분홍의 계절이 오면, 고모는 예쁜 그 꽃을 한 아름 꺾어다 방안을 발그레 밝히셨고 꽃가지며 꽃잎을 무더기로 따다 꽃술을 담그셨다. 산에서 내려온 환한 봄 햇발이 꽃 그림자에 머물면 찾아올 리 없는 그리운 이의 발걸음 소리에 귀를 더 크게 열었을 고모의 봄을 생각해 본다. 그 마음 빛을 닮은 잘 우러난 꽃술을 여태 맛은 못 보았지만 가슴으로 느낄 수 있었던 연분홍의 취기가 지금도 아리아리하다. 평생 혼자 살며 온 세상을 향해 그저 아득하였을 고모는 올해로 여든네 번째 봄을 맞으셨다. 이번 봄에도 내게 '그저 애들 잘 키우고 가족들 건강 챙기라.' 그것 하나 당부하셨다. 불심佛心으로 갈앉힌 마음 밭이건만 살아오신 세월이 판소리 한 대목처럼 하도 구성져 그 눈빛을 받을 때면 가슴 한쪽이 서늘하여 먹먹해진다. 입이 궁금해 입술이 파래지도록 따 먹었던 꽃잎에 대한 기억이나, 그리운 이를 그리워하며 꽃술을 담그던 고모의 젊은 날을 생각해 보더라도 여린 꽃잎을 흩뿌려 '즈려밟고 가시라'는 시인의 정서는 무정無情하다는 생각이 든다.

봄빛은 그리움이다. 꽃샘바람 잦아든 고운 볕기에 몸을 내어 맡기면 아슴아슴 피어나는 그리움의 지병. 그래서 봄볕은 대상을 가까이 끌어다 앉히고 봄 편지를 쓰게 한다. 지금보다 조금 더 세월이 흐르면 하늘이 마당 가득 내려앉은 예쁜 내 집을 지을 생각이다. 볕내 풍기는 토담 한피짝, 쟉별°을 깔아 만든 장독대에는 투박하고 키 큰 옹기항아리 하나 장만해야지. 꽃바람 설쳐대고 돋을볕 부신 봄날, 진달래꽃 숭어리 숭어리를 넘치도록 많이 따다 꽃술을 담그고 싶다. 진달래꽃술이 향기롭게 익을 즈음 보고 지운 벗들 조촐히 초대해 살찐 봄나물과 버슨분홍° 꽃술에 함께 취해보리라.

* 쟉별° ; 조약돌(작고 동글동글한 돌)의 옛말

* 버슨분홍° ; 연분홍의 옛말

콩의 우화羽化

그의 국밥 사랑은 자별나다. 나 또한 그에 못지않다. 콩나물국밥은 주머니가 가벼워도 너끈하게 한 끼로 허기를 달랠 수 있는 서민의 음식이다.

20대 시절엔 '산아가씨'였다. 머리 위를 훌쩍 넘는 키 큰 배낭을 메고 홀로 전국의 산을 두루 섭렵했다. 점차 산행은 설악산과 지리산으로 귀결되었다. 설악산은 버스로, 지리산은 기차를 이용했다. 서울역에서 '통일호' 막차(23시 57분)를 타면 새벽 5시경 남원에, 6시경이면 구례에 닿았다. 첫차로 노고단이나 뱀사골로 이동해 산을 오른다. 산장에서 숙박을 하기도하고, 당일 산행을 할 땐 남원이나 구례로 하산해 서울행 막차를 탔다. 밤을 안전하게 보낼 수 있는 방법으로는 기차여행이 제격이었다. 전라선을 이용한 지리산 등반 50번을 목표로 삼았다. '입석'을 끊어 기차 맨 앞이나 맨 뒤의 좁은 곳에서 대여섯 시간 서서 가기 일쑤였다. 몸은 고달파도 지리산을 찾아간다는 사실에 가슴이 벅찼다. 스물일곱 번째 지리산행, 뱀사골 계곡에서 남편을 만났다. 그해 서울에는 첫눈이 늦었다. 12월 초, 지리산에 첫눈이 왔다는 신문기사를 읽고 눈 사진도 찍을 겸 노고단으로 들었다. 하산길에 뱀사골 계곡에서 사진을 찍어 준 인연으로 우리는 부부가 되었다.

지리산을 찾을 때마다 남편과 함께 막차를 기다리며 그 옛날 전주의 유명한 콩나물국밥 집에서 국밥을 먹고 모주를 즐겼다. 편의 시설이 다양한 요즘엔 새벽까지 문을 여는 카페나 음식점이 많다. 그 시절 우리에겐 24시간 영업을 하는 콩나물국밥 집이 식사를 하고 열차 시간 맞추기에 적당한 곳이었다. 산행을 할 수 있음이 좋았고 소탈한 그를 만나 국밥 한 그릇 맛있게 나눌 수 있어 행복했다. 그의 성향처럼 콩나물국밥은 수수한 맛이다. 먹은 후에도 속이 편안하다. 수란에 김 가루와 국물을 넣어 먹는 달걀 반숙은 국밥 전에 입맛을 돋우는 초다짐이다. 쫑쫑 썬 청양고추를 넣어 칼칼하게 맛낸 뚝배기 한 그릇. 오징어 젓갈을 곁들인 국밥은 허기진 배를 달래주기에 더할 나위 없는 성찬이다. 국밥은 격의 없는 음식이다. 전날 정다운 사람들과 술추렴을 하였거나 오랜만에 만난 동기간에 밤늦도록 흡족한 술자리를 한 이튿날, 또는 모악산을 오르며 땀을 흠뻑 뺀 날이면 어김없이 콩나물국밥 집을 찾는다.

콩은 메마르고 거친 땅에서도 잘 적응하고 생육生育이 왕성하단다. 흔하디흔한 콩에서 인생을 발견한다. 콩이 일깨우는 철학을 배운다. 콩이 콩나물로 거듭나려면 깜깜한 어둠의 기간을 거쳐야 한다. 빛이 없는 어둠길에 앉아 일방적인 소나기를 흠씬 맞아야 한다. 자신을 흔쾌히 내놓아 젖으며, 불으며, 일그러져야 한다. 어느 결에 콩은 축축한 기운을 딛고 산뜻하게 고개를 밀어 올렸다. 맑은 황금빛 새싹 날개를 피워냈다. 고치 속 번데기가 나비로 변신하듯이…. 결혼하여 신혼도 잠시 중풍으로 누워계신 시어머니와 연로하신 시아버지, 연년생 아이들, 엎친 데 덮쳐 빚보증이 잘못되어 하루하루 호호막막하였다. 검은 천을 뒤집어쓰고 눅눅하고 숨 막히는 비좁은 터에서 일방적인 물세례를 견디며 퉁퉁 불어가는 시루의 콩과 매한가지였다. 연대보증을 여럿이 함께 섰지만 허울뿐 공무원이라는 이유로 우리가 옴팡 감당해야 했다. 아이들 돌잔치는 차치하고 어린이집 보내기조차 여의치 않았다. 시루 속 콩처럼 짜디짰던 10여 년 세월이었다.

드디어 콩이 변신을 했다. 찌그러지고 물 먹은 껍질 모자도 벗어버리고 샛노란 꽃을 피웠다. 늘씬하고 어여쁜 얼굴 황금빛 음률, 벅찬 기쁨, 어둠을 견뎌내어 환희의 세상으로 발돋움하였다. 콩의 우화羽化처럼, 우리도 보증 빚 정리를 말끔하게 끝냈다. 남매에 늦둥이까지 보아 세 아이를 두었다. 남편은 36년 근무했던 직장을 지난 연말 퇴직했다. 요령 피우지 않고 우직하게 '인생 1막'을 완성했다. 세 아이들 아직 공부를 마치지는 못했지만 탈 없이 평생직장을 잘 마무리할 수 있어서 감사했다. 힘겨운 터널을 지나오면서 한숨도 원망도 많이 했었다. 끝없이 이어지던 힘겨운 나날이 어서 끝나기만 기도했다. 이제 어두운 터널을 빠져나왔다. 포기하지 않고 콩나물을 꿈꾸는 시루 속 콩처럼 묵묵히 견뎌내었더니 행운도 따라줬다. 두 시어른 편안하게 임종하셨고 세 아이 모두 잘 자라고 있다. 운 좋게도 2년 전에는 풍광 좋은 곳에 전원주택을 마련하는 행운도 찾아왔다. 노후의 축복에 콧노래를 흥얼거리며 콩나물의 고진감래苦盡甘來를 생각해 본다. 그 노고를 새긴다. 이번 주말에는 남편과 모악산을 다녀와 콩나물국밥 한 그릇 달게 먹고 싶다.

햇차를 덖으며

30년 된 집을 팔고 모악산 가까이 이사한 지 일 년이 되었다. 산에 닿기가 수월하다. 시내를 통과하지 않으니 몇 분 이내에 산 입구에 도착한다. 마당에서, 창가에서도 고개만 치켜들면 모악산이 코앞이다. 뎅 뎅 거리는 풍경소리 재잘대는 새소리에 아침을 연다. 절후 따라 바뀌는 산의 그림을 관망할 수 있으니 얼마나 감사한가. 해가 갈수록 먹거리나 차茶 한 잔도 천연의 것이 좋다. 느린 것이 친근하다. 지천명을 넘어서니 자연과 가까이 살고 싶고 산과 들의 거친 것이 오히려 당긴다. 출근 준비로 아침의 차茶 한 잔은 번거롭지만 저녁 시간에는 책을 읽으며 다관茶罐에 차를 우린다. 우러난 차 빛깔이나 봄물 오른 산경山景이 모두 아리따운 옥빛이다.

겨울은 얼음장 속에서도 봄을 준비하고 봄 속에는 이미 여름이 있다. 나무는 부지런히 가지 끝으로 봄을 밀어 올린다. 겨우내 품고 있던 농축된 기운을 오롯이 새순에 피워낸다. 눈아嫩芽에 서린 신령스런 기운이여! 잎은 나무의 인내며 맑음이며 기다림이다. 청명淸明, 곡우穀雨에 찻잎 따기가 비롯되니 차밭이 열린 지 한 달여 지났다. 입하 지나 열흘만이니 아직은 봄차라 할 만하다. 차꾼들은 부지런히 차밭엘 오르내릴 것이다. 한 해 먹을 양식을 마련할 때가 지금이니까.

오월 산색山色에 덧붙일 말이 없다. 저 무서운 여린 힘을 보라. 연둣빛 움싹이 갸륵하다. 각양의 나무와 덩굴식물들로 어우러진 숲은 신록의 전시장이요 공연장이다. 언제나 봄은 느닷없이 왔다가 바삐 간다. 오월 한낮 기온은 초여름이다. 남녘 차밭으로 먼 길을 다녀오기보단 집 가까운 암자 주변에서 야생 찻잎을 채취했다. 꽃 이런가 잎 이런가. 수수꼬투리 마냥 연붉은 잎을 틔운 저이는 무슨 나무일까. 차나무의 노랑연두 잎, 연둣빛 새싹이 손톱만 하다. 큰 사찰의 말사 주변에 야생 차나무가 널널하다. 대나무, 소나무 아래서 채집해 만든 죽로차나 송로차는 차치하자. 띄엄띄엄 낙엽송이 섞여 선

성근 야생차나무에서 향기가 진동한다. 엄지손가락 마디 만하게 1창 3기로 채취했다. 며칠 전 내린 꿀비로 이파리의 흙먼지며 송홧가루가 말끔히 씻겼다. 마냥 순하게만 뵈는 차잎이 혀끝에서 쌉싸래하고 아릿하며 달큰하고 새고롬한 여러 맛을 한꺼번에 선사한다. 고귀한 5월의 맛이다.

한낮 무더위에 찻잎이 누렇게 뜰 수 있어 서둘러 돌아와 덖을 채비를 했다. 식탁 위에 펼쳐 놓으니 차실茶室에 온 듯 신선하고 은은한 향이 무딘 말초신경을 흔들어 깨운다. 피워내는 진향에 비탈진 골짜기를 오르내리느라 얻은 피로가 일시에 사라져 버렸다. 손을 코에 갖다 대고 잇따라 자꾸 들이켠다. 그냥 녹차에서는 한 번도 맡은 적 없었던 그윽한 향기, 신선하고 귀하고 부드럽고 깊은 맵시로운 다향茶香이다. 풍성한 차향에 온몸이 가랑비 맞은 듯하다. 첫 생차는 향기가 투철하지 않아 화력을 빌려 향기가 피어나도록 해야 한다. 구증구포는 아닐지라도 덖고 식혀 비비기를 잇달아 반복했다. 고른 손놀림으로 설지도 과숙도 아니게 향기를 다리는 찻일을 어찌 하루아침에 이룰 수 있으랴. 성근 흉내만 내보았다. 여린 연둣빛이 점차 갈빛으로, 짙은 보랏빛으로 깊이 쌓인 향을 품고 몸빛을 바꿔간다.

글방 창을 뚫고 달님이 마실 왔다. 초대도 없이 일방적 내방來訪이다. 가장 가까운 벗, 그와 달님과 나 이렇게 셋이 함께 차를 우린다.

연옥빛이 발현한다. 청초淸楚도 하여라. 찻물의 빛깔을 바라보고 차향을 맡으며, 당나라 시인 '노동'의 [칠완다가七椀茶歌]를 읊조린다.

'목과 입술을 적셔주고, 외로운 번민을 날려주고, 마른 창자에 스며들어 오천 권 책의 문자를 생각게 하고 …. 일곱 번째 잔은 마시지 않았는데 겨드랑이에서 시원한 바람이 일어나니 봉래산(신선이 산다는 곳)으로 돌아가고 싶다.'는 절창의 다시茶詩. 차 한 잔이 주는 고귀한 정서가 마음에 은혜롭게 스민다.

마음의 벗과 구순하게 엮어온 세월, 함께 따고 덖고 비비고 우리며 살아온 나날들. 이제 남은 생애는 바쁨도 욕심도 내려놓고 평화롭게 천천히 늙어 가고 싶다. 가끔은 서로 토닥거리며 말다툼하면서도 세상에서 가장 친한 친구였으면…. 청명한 오월 하루 햇차를 덖으며 꾸려보는 소망이다.

5

작품론

그녀에게 열광하다
안아당과 산정원의 전원교향곡
여든 나이테에 담긴 풍성한 인생이야기
정조대왕이 사랑한 간서치看書癡, 이덕무를 읽다
정치精緻한 언어의 뜰채로 엮은 인생 노래
책 속에서 만난 책
책을 베고 잠들다
한 아름다운 삶을 보았네

그녀에게 열광하다

한 주간 동안 그녀의 책 여러 권을 읽었다. 엊저녁 읽던 것을 가지고 나와 다시 이곳저곳을 들춘다. 어느 곳에서건 그녀의 글맛에 매료된다. 국어 교사를 시작으로 기사와 칼럼을 쓰는 시사평론가, 르포라이터, 인터뷰어 등 여러 분야의 일을 했다. 다양한 정보를 망라한 칼럼은 매끈하고 명쾌한 글 일색이다. 산문들은 유려했다. 50여 년 전 유년시절을 소환해 그 시절 추억거리를 돌이키게 하는 글이라든가, 입에 착착 감기는 지역 말이 공감을 불러온다. 할배, 할매, 큰으매, 아재, 아지매…. 우리말이 주는 아련한 추억으로의 회귀가 반갑다. 돌솥밥을 먹다가 고명으로 가미된 날치알이 씹힐 때의 경쾌한 기쁨처럼, 톡톡 터지는 스폿이 글 읽는 재미를 더한다. 도시로 떠나와 사느라 혓바닥 저 아래 묻어 뒀던 고향 말, 잊고 지내던 단어를 하나둘 새롭게 살려내어 선사하는 이 기쁨을 느껍게 만끽한다.

그녀는 책 발간을 준비하며 지난 삶의 부스러기를 줍는 동안 아주 민망하였단다. 구슬이라면 꿰어야겠지만 사금파리를 엮어서 무엇 하나 싶은 회한이 수시로 들었다나. 평론가 신형철은 말했다. '산문시를 꿈꾼 흔적이 없는 산문은 시시하다'고. 리듬과 은유를 말하는 것이었겠지만 글이란 모름지기 '고만고만하고 그럴듯한 것'에서 벗어나야한다는 의미였을 것이다. 기사를 쓰고 칼럼을 써서 삶을 영위하는 그녀로선 '쓰기'에 대한 부담이 만만찮았으리라. 모니터에 머리를 짓찧으며 푸르스름하게 밝아오는 새벽을 여러 열 번 맞으며, 겨운 삶에 대한 서운함과 허탈. 몸의 진액을 짜내듯 맥이 빠지는 기분인 함량 미달이라는 자책, 자신의 얘기를 쓰면서도 내면에서 용솟음쳐 오르는 이야기가 아니어서 못마땅하였단다. 그럴 때마다 어쩌지 못한 문학에의 선망이 그를 일으켜 세웠으리라. '다빈치 콤플렉스'에 갇히지 말라고 말해준 김점선을 비롯해 도처에 스승이 있어 큰 힘을 얻었을 것이다.

김서령의 첫 산문집 《참외는 참 외롭다》는 그녀 나이 쉰아홉에 출간했다. 〈중앙일보〉와 〈동아일보〉 지면을 통해 이미 발표했던 수필과 칼럼들을 정리하여 엮었다. 첫 장 첫 글은 학교에 갓 입학한 어린 소녀가 하굣길에 만난 강아지풀 이야기다. 흔하디흔한 풀포기가 무어 그리 대수로우랴. 길을 오가며 무심히 보았던 한낱 미미한 풀. 그날따라 소녀는 가까이 다가가 내면으로 들여다본다. 마치 현미경으로 관찰한 듯이 섬세하고 곱고 말간 묘사가 아연 눈부시다.

> 청초하게 흔들리는, 기다랗게 줄기를 뽑아 올린 푸르고 여린 강아지풀 한 대궁이를 발견하고 그 곁에 주저앉는다. 세상에…. 자그만 방망이에 강아지처럼 고운 털이 송송 돋은 것이야 진작에 봐왔던 것이고 자세히 보니 그 작은 방망이가 모조리 야물고 반짝거리는 보석 알갱이로 이루어져 있다. 작은 보석이 촘촘하게 박힌 틈 사이로 한 가닥씩 연한 털이 돋아 있고 그 털끝마다 지금, 몸을 이룬 연둣빛 보석과 똑같은 크기의 투명한 물방울이 하나씩 매달려 있다. 햇살이 이제 막 그 물방울에 닿았다. 찬란한 빛을 품는다. 정교하고 황홀하고 안타깝다. 그리고 왠지 슬프다. 나는 숨을 죽이고 그걸 들여다본다. 보고 있는 새 강아지풀이 호르르 몸을 떤다. 바람도 불지 않는데 절로 몸을 떤다. 흡사 강아지가 몸에 묻은 물을 털어내듯 그렇게 이슬을 털어낸다. 순간 빛나는 햇살 조각이 흐트러지면서 연둣빛 보석 안으로 약속이나 한 듯 알알이 착착 스며든다. 나는 숨이 막힐 지경이다. 시간이 잠시 멈춘 듯하다. 하늘과 햇볕이 내 곁에서 강아지풀을 들여다보느

라 세상 전체가 아늑하게 좁아진 듯하다. —〈학교에 간다〉

혼밥, 혼술에 이어 혼놀 시대다. 예전 어떤 지인의 '혼자서는 음식점에도 못 들어간다.'는 이야기를 듣고 의아했었다. 나는 서른이 넘도록 여행도 산행도 줄곧 혼자 다녔다. 혼놀에 익숙하다. 그 무렵 눈 폴폴 날리는 겨울, 어스름이 깔려올 때 백무동에 도착해 홀로 지리산을 야간 산행한 경험이 있다. 산마루에는 올랐는데 저녁 답부터 내린 눈이 등산로를 지워버렸다. 감으로 방향은 알겠는데 산길이 보이지 않았다. 막막한 그때 하늘을 우러러 신께 목숨을 구걸하며 울부짖었던 절체절명의 기억. 그런 단련을 통해 혼자서도 잘 논다. (참)외는 마디 하나에 꽃이 하나씩만 핀단다. 참으로 외로워서 참왼가. '참외'라는 과일은 밭에서 외따로이 굵어가고 익어가는 초본식물이다. 홀로 비와 바람과 어둠과 땡볕을 견디며 성숙한다. 유년 시절 아버지로 비롯된 어떤 그늘, '작은댁'을 얻고부터 엄마와 그녀는 늘 추웠단다. 독수리 날개처럼 커다란 그늘 때문에 오슬오슬 추운 마음. 다행으로 그 외로움 때문에 오히려 꿋꿋한 다릿심과 청량하고 성숙한 고요를 체득했다고 한다. 많은 물건이나 물질적 풍요가 우리를 구원하지 못한다. 우리 외로워도 의연하게 외로워지자. 외로워야 마음속에 단물이 고인다. 승화된 외로움의 사유가 자못 깊다.

심리학자 칼 융은 이 세상을 '아니마 문디(anima mundi), 모든 것에 영혼이 깃든 살아 있는 세계'라 했다. 그러나 자본과 스펙과 질주로 구성된 세상엔 영혼이 없다. 대형마트와 백화점에 쟁여진 빛나는 '상품'들은 우리를 매료하지만, 거기엔 정신이 깃들지 않는다. 오직 '거래'될 목적으로 만들어진 물질이기 때문이다. 거래는 차갑고 메마르다. 알다시피 메마름과 차가움은 둘 다 생명을 죽이는 요소다. 정성과 애정이 깃들면 물건에도 물론 마음이 담길 수 있다. 휘황한 광고가 진종일 욕망을 부추긴다. 외로움과 의로움 따위는 모른 척 무시하고 남들처럼 맹렬히 달려 봐도 욕망이 쉽게 채워지진 않는다. 아니, 히드라의 머리처럼 잘라도 잘라도 새로 돋아날 뿐이다. 전에도 외로웠고 지금도 외로운 내가 세상 속에서 당당하여지자면(당당해야 행복할 수 있다) 내 곁에 있는 물건과 사람에게 애정과 정성을 다하는 수밖에 없다. 이건 너무나 단순하고 명료한 인생의 비밀이다. 존경과 정성과 증여가 희귀해진 세상에도 여전히 참외는 익는다. 전철역 입구에 세운 트럭 안에서 참외가 다디단 향내를 풍긴다. 땡볕과 소낙비를 홀로 견뎌낸 '참-외'의 '참-외로움'을 한입 와사삭 베어 문다. 단물이 입안에 가득 차면서 눈물이 핑 돈다. 이렇게 고마울 데가! — 〈참외는 참 외롭다〉

그녀는 유달리 백석을 좋아했다. 1936년 당시 함흥 영생고보 영어 교사였던 백석. 우리가 살지 않았던 시절이다. '외롭고 높고 쓸쓸한' 백석 스스로 규정해둔 정체성. 다정하고 예민하고 수줍은 시인의 운명 같은, 식민지 지식인의 삶의 태도 같은, 그런 백석한테 친구는 가자미였다.

흰밥과 가자미와 나는/ 우리들이 같이 있으면 세상 같은 건 밖에 나도 좋을 것 같다 — 백석 〈가자미〉

살아서 함께 노닌 친구가 아니라 반찬으로 상 위에 오른 친구다. 가자미를 친구로 노래한 백석의 시를 사무치게 읽는다. 선한 백석의 친구, 외롭고 높고 쓸쓸한 가자미를 그녀도 저녁상에 올린다.

맑은 물빛 정갈한 모래톱에서 모래알 헤고 잔뼈가 굵은 것은 가자미이고
바람 좋은 벌판에서 물닭 소리를 들으며 단 이슬 먹고 자란 것은 쌀이고
외 따른 산골에서 소리개와 다람쥐 동무하고 자란 것은 백석 자신이다.
셋은 성장환경이 이렇게 닮았다. 셋은 똑같이 욕심이 없다.
그래서 셋 다 낯빛이 하얗다. 공통점은 또 있다. 셋 다 여리다.
어린 가자미는 세괃은 가시가 없고 백석은 손아귀가 여리고 쌀은 너무 정갈해서 파리하다. — 〈가자미〉

수필 〈약산은 없다〉를 통해 김서령 작가를 알게 됐고 매료되어 곧장 그녀의 책 4권을 샀다. 말간 동화처럼, 단편소설 같고 무슨 무슨

서정서사시 같은 글 한 편이 무척 아름다웠고 슬펐고 달큰했고 쓸쓸했다. 읽으며 가슴속이 버겁게 빽빽해졌다. 살짝 핏빛마저 돌듯 마음 한끝이 아팠다. 혀가 오래전 입맛을 기억하듯 거푸 읽다 보니, 격해져 글에 억양을 주며 큰소리로 낭독했다. 귀에 익숙한 안동 말이 입에 착착 감겼다. 유서 깊은 종갓집 종녀로 태어난 작가는 어릴 적 이름이 숫 웅, 뒤 후 '웅후'였다. 사내아이를 보기 위한 조처가 효험이 있었던지 남동생을 보았단다. 주어가 1인칭일 때는 자신의 간난신고를 가차 없이 드러내야 문장에 힘이 실리고 내면이 밝아진다던 주장을 그녀는 고스란히 글로 증명했다. 종부였던 어머니는 시집온 지 13년 만에 그녀를 낳았다. 아들 귀한 종갓집의 맏딸로 태어났고 대처로 나간 아버지의 '빈 사랑방'에서 서늘한 적막, 외로움을 느꼈단다. "아버지가 나를 차갑게 바라봤던 눈빛이 각인됐나 봐요. 무의식 치료하는 분이 제 뼈를 만지는 순간 기억이 나더라고요. 아버지한테 기우뚱기우뚱 걸음마 해서 갔는데 아버지가 나를 싸늘하게 쳐다보고 안아주지 않았던 기억이." 겉으로는 명랑했지만 속으로 어두운 그림자가 있었다는 고백이 사무치게 쓸쓸하다. 그래서일까. 이북에서 피난 내려와 일꾼으로 눌러앉은 황 씨에게서 아버지의 정을 느꼈나 보다.

"소수림왕도 광개토대왕도 내겐 도무지 낯설지 않다. 그들은 담배 건조실 앞에 앉은 우리 일꾼 황 씨와 비슷한 체구와 비슷한 눈썹을 가진, 비슷한 나이와 비슷한 경험을 가진 고작 그 정도의 역사 속 인물이다. 황 씨 같이 억세고도 어미가 정다운 이북 사투리를 쓰는, 어깨는 건장하나 순진한 청년 같은, 그와 백석이 알맞춤 어우러진 그런 소수림왕이고 광개토대왕이다. 기름한 눈은 내성적이고 다문 입술은 굳세다."

……

담배 건조실 앞에서 막 쪄낸 노란 햇담배를 신문지에 말아 피우며

"아, 담배 맛 참 좋다이. 담배 농사는 이 맛에 하는 거이지." 감탄할 때 곁에 앉아 침을 삼키며 간절하게

"황 씨요… 나도… 한 번만… 한 번만 피워 보면 안 되니껴? 한 번만. 딱 한 번만…."

그럴 때 황 씨는 우리 집안 어른 남자들처럼 빽 하고 야단치지 않았다. 그냥 환하게 웃었다. 몹시 환하게 따뜻하게 슬프게 웃었다. 그리고 내 눈을 가만히 들여다봤다.

"웅후애기요. 애기가 담배를 피우믄 뼈가 다 녹아 뿌러요. 담배는 마흔이 넘은 사람들이나 먹는 음식이요. 뼈가 다 야문 다음에나 먹을 수 있소." 그의 눈엔 이렇게 맛있는 음식을 나와 나누지 못하는 안타까움이 가득했다. "휴우~ 마흔이요? 마흔까지 언제 기둘리니껴? 어느 천년에 내가 마흔이 될니껴?" 그는 다변한 사람이 아니었다. 내게 꼭 맞는 말을 고르려고 진지하게 고민한 후,

"애기요. 마흔은요. 잠깐이래요. 잠깐만 기둘리면 금방 마흔이래요. 사탕 먹고 고구마 먹고 밤 먹으믄서 천 밤만 자 보래요, 그라믄 마흔은 금방에 오요. …마흔이 되거든 그때는 애기도 꼭 담배를 피우시소. 피울 때는 나맨치러 건조실 앞에서 피지 말고 높은 산에 올라가서 피우소. 묘향산 같은 높은 산에…" — 〈약산은 없다〉

약산은 1992년 임하댐 건설로 수몰되었다. 댐은 산만 묻은 게 아니다. 산이 포함했던 온갖 신비를 모조리 수장했다. 약산이 제 발아래 기르던 숱하고 향그럽던 지초들은 이제 지상에서 영원히 사라져 버렸다. 그녀의 한구석이 추웠던 어린 시절은 그나마 황 씨가 있어 싱그럽고 따뜻했다.

지난봄, 문학특강을 하던 중견 K 작가께서는 "젊은 시절 만 권의 책을 읽으리라." 했던 때를 상기했다. 퍽 인상적이었다. 그분은 책에 묻혀 능히 그렇듯이 사셨으리라.

득만권서 행만리로(得萬卷書 行萬里路 만 권 책을 읽고 만 리 길을 걸어라. 그러면 군자가 될 수 있다.) 아프게도 만 권의 책을 읽고 만 리를 걷기에 나는 이미 너무 늦었다. 언제나 깨달음은 나중에 온다. 그런데도 아흔 넘은 나이에 시詩 창작을 시작해 93세에 처녀시집을 출간한 '시바타 도요' 시인이라든가, 환갑이 지나 대학생이 되어 열정적인 시절을 사는 청춘 같은 노년 이야기를 종종 대한다. '만 권'이나 '만 리'에

얽매일 이유가 있겠는가. 숫자는 무의미하다. 이미 가고 없지만 시인 윤택수는 말했다. "무섭도록 책을 읽는 소년이었다는 소문 없이 위인이 된 사람이 있다면 우리는 그 위대함의 질을 의심해보아야 한다." 고.

책 읽기에 매몰되듯 산 이들을 선망한다. K 작가님, 간서치 이덕무, 사진작가 최민식, 윤택수, 신형철, 장승욱, 김서령…. 마음을 뜨겁게 벼려 많은 시간 홀로 책상 앞에서 버텼을 그분들을 지절토록 공경한다.

안아당과 산정원의 전원교향곡

–송종숙 수필집 《보라색이 어울리네요》를 읽고

어울린다는 것은 자연스럽다는 말이다. 옷도 글도 자연스러울 때 아름답다. 어울린다는 것은 아름답게 보인다는 것의 또 다른 표현. 부부가 함께 감행한 태胎 자리로의 귀향은 바로 귀거래사歸去來辭, 전원에서 자연을 접하며 섭리에 따라 기쁘게 살아가려는 자연성의 구현이리라. 흘러가는 강물이 거슬러 올라 발원지로 방향을 돌릴 수 없듯, 우리의 인생도 앞으로만 나아간다. 생의 시원으로 돌아갈 수는 없다. 발전적 변화를 추구함이 수구守舊보다는 나은 행보임에랴. 작가가 고향 집에서 느끼는 자연의 은혜는 무궁무진하리라.

수정같이 맑은 공기와 별빛만으로도 넉넉할 고향 생가 안아당과 별채 산정원에서는 별의 기척도 들리지 않을까? 노부부가 함께 윤이 나도록 매만진 고가古家와 정원, 글로 엮어내는 전원에 깃든 삶은 넉넉하고 평화로운 한 폭 진경산수화였다.

2010년에 출간된 첫 수필집 《안아당의 오후》는 제목이 주는 안온함이 있었다. 안아당安雅堂은 시댁 생가의 당호이자 남편이 선물해 준 송종숙 수필가의 아호雅號다. 그의 남편은 인생 절정기에 상경하여 성공적인 청·장년기를 보냈고 은퇴 후 솔가하여 40년 만에 하향했다. 수필집 첫 장에는 남편의 정감이 어린 책 출간 축하 글이 실려 있어 퍽 인상적이었다. 송종숙 수필가를 문학회에서 뵙고 '얼굴에서 맑은 물색을 띤 고상한 운치'를 느꼈었다. 심성 따뜻한 큰어머니 같은, 철딱서니 없이 천방지축인 손아랫동서쯤 어르고 달래 따끔하게 가르치고는 끌어안는 품 넓은 손윗동서 같은 인상이었다. 3년 전쯤인가 그분의 작품 '누름돌'을 문학 카페에서 읽고 다른 작품들이 몹시 궁금해 첫 수필집을 청해 읽었다. 작가가 국문학을 전공했다는 것도 새롭게 안 사실이었다. 인생을 웬만큼 살고 보니 생의 의미는 '감동'인 것 같다고 작가는 말한다. 필자는 사람의 가치 있는 덕목은 '공감'(동감, 감동)이라는 견해다. 다른 사람의 슬픔에 슬퍼하고 기쁨에 기뻐하고 분노에 분노할 줄 모른다면 아무리 훌륭하다고 떠들어도 반 푼의 가치도 없을 것이다. 그런 의미로 볼 때 '감동'과 '공감'은 맥이 통한다고 생각한다.

임어당(린위탕)은 '자연은 사람의 삶 전체 속으로 들어온다.' 했다. 봄날 눈록嫩綠의 산색과 다사로운 햇살, 여름 장마와 야성적인 성장을 도모하는 나무와 풀들, 가을 소슬한 들녘 꽃잎 날리는 억새와 허허로운 수숫대, 겨울 몽실몽실 눈 모자를 쓴 앞뜰과 뒤란의 상록수와 눈 덮인 기왓골의 섬세한 무늬. 사계절은 다양한 양상으로 적절히 흥취를 돋우리라. 이렇듯 자연과 살을 맞대고 들여다보는 계절의 변화, 온몸으로 표현하는 나무와 식물들의 언어, 그들은 자연이면서 작가의 분신이며 공생의 벗이 아닐까. 송종숙 수필가의 글을 읽으며 '정중동靜中動'의 기운을 느꼈다. 그에게는 사방 눈길 닿는 곳 모두가 시와 산문일 터이니. 분홍 복숭아꽃의 화사함과 마당 한비짝 직접 만들었다는 조그만 연못 속 비늘 영롱한 물고기의 활력. 새들 명랑하고 모나지 않은 마음 같은 정서가 글 속에서 톡톡 터져 나왔다. 그의 수필은 다분히 회화적이다. 글을 읽다 보면 이마 위로 그림이 그려졌다. 글과 그림은 같은 뿌리, 다른 가지던가? 단문으로 이루어진 문장은 경쾌한 리듬을 탔다. 편편片片이 한 땀 한 땀 정성 들여 수놓은 말간 자수刺繡 느낌이 들었다.

제2 수필집 《보라색이 어울리네요》는 작가의 첫인상과도 잘 어울리는 연보라색 장정이 새뜻했다. '편안하고 우아한 보금자리'의 소망이 어린 당호 '안아당'과 '평안 속에 우아한 삶의 마무리'의 염원이 담긴 아호雅號 '안아당'. 후회 없는 젊은 시절을 보냈고, 비교적 성취한 삶을 살았다는 자부심의 글을 읽고 일견 부러움도 일었다. 김승옥의 단편소설 〈무진기행〉이 생각났다. 도회지로 떠났다가 고향 시골 마을을 찾았지만 동화될 수 없어 쓸쓸한 이방인인 주인공. 이상의 수필 〈산촌 여정〉도 어렴풋이 기억났다. 도시에서 즐기던 엠제이비 커피의 미각을 잊어버린 지 스무날 정도 된다는 도회적인 표현의 서두. 산촌 풍물에의 감상적인 정취와 대비해, 두고 온 가족에 대한 시름을 담고 있던 수필이다. 송종숙 수필가가 영위하는 전원의 생활과 그 생활을 담아낸 글을 통해, 두 문학 작품 속 주인공보다도 작가가 더더욱 행복해 보였다. 일상은 그냥 두면 지나가는 순간에 불과하지만 글로 옮겨 담으면 색다른 의미와 가치로 영원히 남게 된다. 작가의 보라색에 대한 단상, '순정 같은 연보라색에서 슬픈 멍 같은 진보라색, 초연한 듯 외로운 분위기' 등 여러 글귀에서 공감되는 부분을 발견했다. 나도 보라색에 대한 환상이 있다. '청색의 차디찬 이성과 홍색의 뜨거운 감성이 만들어내는 지성적인 보라색'을 좋아한다. 젊은 시절, 좋아하면서도 제대로 분위기 나게 입어 보지 못했던 보라색을 노년이 되어 입어 볼 용기가 생겼단다. "보라가 너무 잘 받는데

요. 그 빛깔 참 어울리네요!" 이런 코멘트를 해준 사람 덕분에.

> 이따금 은은한 보라색을 지긋이 바라보면 레오나르도 다빈치의 〈모나리자〉가 떠오른다. 그 모호하고도 고요한 모나리자의 미소, 세기적인 대화가인 다빈치는 혹시 그의 걸작 〈모나리자〉의 화폭 속에 지극히 신비로운 보랏빛 아우라를 감쪽같이 숨겨 넣은 건 아닐까. 안개를 머금은 듯 모나리자의 미소에서 은은하고 삭연한 보랏빛 향수가 느껴져서다. 보라색은 청색의 차디찬 이성과 홍색의 뜨거운 감성이 어우러져 미묘하게 지성적 분위기로 멋지게 태어났다. 마치 화가 뭉크의 그림처럼 우울한 듯 착잡하게 가라앉은 그 우수의 깊이는 비밀스럽고 사색적인, 밀도 깊은 물색이다, 보라색의 저력인가 싶다. 새삼스레 거울을 보며 엉거주춤 몸매를 비추어본다. 이 나이에 무슨 옷을 걸친들 맵시가 나겠는가? 그런데도 행여 보라색이 내게 어울리지 않나, 이쪽저쪽 허리를 꼬아본다. 이렇게 용기를 내 보는 것도 주위의 응원 덕분이다. 보라가 너무 잘 받는데요. 그 빛깔 참 어울리네요! 이런 코멘트를 해준 사람도 있었으니까. 사실, 좋아하면 닮아간다고 하던데, 어쩌면 보라가 내 정체성의 어느 부분 같기도 하고. 그래! 보라가 어울린다면.
>
> — 〈보라색이 어울리네요〉

머릿속과 마음속을 오간 수천수만 생각과 감정의 기복을 글로 옮겨 묘사하는 일은 일상의 재발견이자 재창조라 할 수 있다. 평범한 나날에 숨결을 불어넣고 생명을 부여하는 일일 것이다. 인간과 동물은 차이와 다양성으로 존재한다. 풀, 꽃, 새, 벌레, 동물, 미미한 생물도 저마다 지극한 경지를 가지고 있어 하늘과 자연의 묘한 이치를 살펴볼 수 있다. 작가는 원래 고양이를 싫어해서 마당과 집 안팎을 드나드는 들고양이들을 본척만척했다. 그렇게 데면데면한 시기가 지나자 시나브로 눈길이 갔고 어느 결에 먹이까지 챙겨주게 되었다. 네 마리나 되는 어미 고양이는 새끼 구분 없이 어느 놈이든 다가오는 대로 젖을 물리고, 새끼고양이 열다섯 마리는 아무 어미나 내키는 대로 달라붙어 젖을 얻는다. 이 세상에서 이보다 더 평화로운 그림이 있을까. 동물들의 세계를 깊이 들여다보는 모성의 눈빛이 따사롭다.

> 본척만척했던 내가 그래도 몇 마리는 미운 정 고운 정이 들어버렸는데, 그토록 대부대가 덤비면 어떡하란 말인가? 어미 암고양이 네 놈과 수고양이 두 놈 해서 여섯 마리에다 새끼들 열다섯만 합해도 무려 스물한 마리가 되는 셈이니 내가 어찌 한숨이 나오지 않겠는가? 한낮에 감나무 시원한 그늘에 누구 품인지 따지지 않고 또 누구 자식인지 차별도 않고 저렇게 무심 태평하게 천국을 누릴 수 있는 세계가 부럽다. 인간 세상도 아무도 경계 않고도 이처럼 사이좋게 걱정 없이 살 수 있는 그런 평화가 온다면 오죽 좋을까. — 〈고양이 세상〉

원종린 선생님을 추억하는 지인들로부터 한결같이 '밥을 참 잘 사셨다'는 얘기를 여러 번 들었다. "젊은 사람이 시간을 할애하니 지갑은 내가 열어야 한다."시면서. 나이가 들수록 '말은 줄이고 지갑은 열고'라는 경구는 우리에게 주는 금언 같다. 송종숙 수필가도 밥 인심이 후한 사람을 인간미 있는 사람, 밥과 인간성을 동일시했다. 수천 년 질리지 않는 맛, 순후한 인품의 밥 같은 사람이 많을수록 더 좋은 세상이 될 것이란다. 바쁘게 돌아가는 현대 생활에서 우리는 너나 할 것 없이 계산적으로 산다. 각박한 세상살이 속에서도 둥글게 모가 깎인 밥주걱을 생각한다는 작가의 일침에 숙연해진다.

밥은 따뜻한 육친의 정 같다. 결코 한 알의 알곡만으로는 밥이 되지 않는다. 수많은 낟알이 오순도순 한 덩이로 뭉치는 시간이 익어야만 밥이라는 실체가 이루어진다. 지지고 볶으면서도 인연으로 엉키어 사는 인간 살이 형태다. 밥은 저 혼자서 맵고, 짜고, 시고, 달고, 쓴 수많은 반찬을 흔연스럽게 받아들인다. 사람의 성품이라면 참으로 괴팍하고 얄궂은 성깔까지도 묵묵히 인정하는 너그러움, 여유로움이다. 온 가족을 품어주는 어머니의 미소같이 밥은 모든 걸 포용하는 온화한 모성이다. 돌아가신 우리 시조모님을 사람들은 '날아가는 까마귀도 불러 밥을 먹일 분'이라고 했다. 생전에 얼마나 후덕한 성품이고 남을 위해 얼마나 밥을 많이 푸셨는지. 각박한 세상이지만 할머니처럼 정겨운 분을 만날 때는 나도 모르게 모가 깎여 둥글게 닳아진 밥주걱을 생각한다. 그런 분들은 오랜 세월 밥 냄새가 젖어 들어

몸에 밴 것일까? 자연스럽게 우러나는 누룽지 향이 난다. 희로애락에 절인 구수한 밥 냄새다. — 〈밥〉

인간의 삶은 돌, 돌멩이의 활용으로 발전해 온 듯하다. 돌서덜의 돌은 그냥 자연이다. 돌멩이 하나를 주워와 내 생활에 활용하면 문화가 된다. 돌확, 맷돌, 구들돌, 불돌, 온돌 등 생활과 밀접한 돌 이름들이 정겹다. 논다랑이 물꼬를 보는 물돌, 칼의 날을 세우는 숫돌, 풋고추를 짓이기거나 잡곡을 갈던 풋돌 등. 이 돌들은 우리들 생활 깊숙이 들어와 문명의 이기로 발전했다. 작가는 둥글넓적한 무생물인 돌을 내 생활로 끌어들여 생명을 부여해 의미를 발견했다. 돌은 유용한 도구가 되었고 문화가 되었고 철학을 틔웠다. 김칫거리를 들뜨지 않게 누름질 하는 무겟돌의 변신이 그것이다.

누름돌이란 장아찌를 담글 때 항아리 속 재료가 뜨지 못하게 맨 위에 얹어서 지그시 눌러주는 묵직한 돌덩이를 말한다. 우리네 삶에서도 분명 누름돌 같은 묵직한 존재가 때때로 필요할 성싶다. 지금 우리 집에서는 남편이 또한 그런 누름돌일 것이다. 인생이란 항해에서 언제나 식구들의 안녕을 위해 그는 온 힘을 다하여 단단하게 키을 붙들고 있다. 출렁이는 뱃전의 중심을 잡고 있는 묵직한 닻과 같다. 가장이란 자리는 참으로 막중한 누름돌일 것이다. 아이들의 말똥말똥한 눈망울을 보면 흠칫 내가 그들의 누름돌이어야 함을 깨닫는다. 또한 내 아이들이 내 인생에 가장 큰 무게, 나의 누름돌임을 다시금 깨닫게 된다. 자꾸만 어긋나고 비뚤어지는 세상에 너와 나는 서로서로 굄돌이 되어 의지하고 살아왔을 거다. 세상에서 우리는 서로가 의지하고 사는 공생의 인연들이다. 하찮은 존재끼리라도 서로에게는 묵직한 믿음으로 피차간 균형이 되고 조화가 되어줘야 하리라. 나는 그렇게 믿고 싶다. 우리는 서로가 서로에게 아주 각별하고 소중한 누름돌 같은 존재라고.

— 〈누름돌〉

인간은 누구를 만나느냐에 따라 운명이 결정된다. 작가는 지나온 세월 동안 남편의 성실 덕분에 내 모습을 그대로 나를 지키며 살 수 있었다고 고백한다. 그러나 인생의 가을, 하늘에 걸린 달을 보며 떠나버린 바람 같았던 세월에 대해 아쉬움은 누구에게나 일어나는 본연의 허허로움일 것이다. 온 평생 집과 직장밖에 모르던 남편이 예순셋의 나이에 퇴임하게 되어 함께 살아온 날을 반추해 본다. 별 구애 없이 산 세월이었지만 움푹 질퍽한 주름진 길도 지나오며, 잠들어서도 얼굴 주름이 펴지지 않는 모습에 애잔해 한다. 가장의 골팬 주름은 경쟁 사회에서 당당한 일원이 되고자 애쓴 역력한 표징이다. 가족들의 안위를 위해 발버둥 친 흔적임을 알기에 미안하고 고맙다. 반려의 얼굴이 나의 얼굴이고 거울이다. 그의 얼굴에서 나를 발견한다. 그 노고를 알아주며 손을 맞잡고 서로 위로할 때 잠시나마 마주한 얼굴의 주름은 펴지리라.

은퇴 이후 요즘, 남편은 조용한 시골 생활을 즐기고 있고 나도 이제 매일 다림질하는 일은 거의 없다. 살아간다는 것은 주름이 져가는 것이고 생활이란 그 주름을 다림질해가는 것일 거다. 인간 세상에 켜켜이 엉킨 주름이 다 어딜 가랴? 먼바다 파도가 쉼 없이 밀려와 끊임없이 주름지듯이 아직도 우리가 펴고 갈 삶의 주름은 남아있을 것이다. 그것은 누구나 밟고 가는 인생길일 뿐이다. 성실하게 지나왔으니 주름은 세월의 훈장이고 자랑스러운 삶의 관록이다. 삶이 너무 서글프고 많이 피로하더라도 곱게 자락을 펴 다림질하며 살 때 우리의 세월은 한결 아름다운 물결로 수놓아질 것이라고 홀로 가늠해본다.

— 〈다림질〉

송종숙 수필가의 글은 순수하고 맑고 밝다. 질박한 아름다움이 전편(全篇)에 드리워져 있다. 애써 꾸미려 하지 않으니 현학적이지 않다. 읽기 수월하니 감동도 컸다. 오랜 도시 생활의 희로애락을 뒤로하고 노년에 돌아와 전원에서 만끽하는 자유와 평화가 그래서 더욱 소중할 것이다. 문득 떠오르는 시가 있다.

(전략)
하늘의 여러 시렁 가운데서 / 제자리를 떠난 별을 보게 되거든
별에게 충고하고 싶더라도 / 그만한 이유가 있을 것이라고 생각하라
더 빨리 흐르라고 / 강물에게 등을 떠밀지 말라

강물은 나름대로 / 최선을 다하고 있는 것이다.

— 장 슬로우, 〈세월의 강물〉

평생의 반려를 있는 그대로 봐 주고, 인정해 주고, 기다려 주고, 재촉하지 않고, 부부는 그렇듯 살아왔으리라. 노부부가 그리는 전원의 생활은 목가牧歌풍의 서정이 깃든 전원교향곡이었다. 세상을 향해 안간힘을 쓰며 온갖 노력을 다했었는데 결국 손오공처럼 기껏 부처님 손바닥에서 뱅뱅 돌며 헤맸다 싶더라도 최선을 경주한 삶이었기에 지난 세월에 대한 회한은 없으리라. 흐르는 세월은 우정을 돈독하게, 사랑은 약하게 변화시킨다. 이제 부부는 우정으로 사는 것이다. 송종숙 수필가는 아주 작고 사소한 것에서 깨달음과 위안을 얻고 글감을 찾아냈다. 까치, 제비꽃, 밥, 메뚜기, 송사리, 고양이, 풀, 두엄자리 등. 특별하지 않은 것에서 특별한 것을 배우고 발견하는 따뜻한 마음이 가치를 더하는 이유다. 자연과 뭇 생명에 대한 사랑이 마냥 곱다. 쥘 로맹의 "사랑은 우정이 놓일 자리를 한 단계 높여 향기롭게 한다."를 생각하며, 송종숙 수필가께서는 전원에서 더욱 건강한 삶을 꾸려나가시길 빈다. 또 하나, 더욱 반짝이고 더 깊어져 있을 글들, 세 번째 수필집 출간을 고대한다.

여든 나이테에 담긴 풍성한 인생이야기

– 정정애 수필가의 《느티나무에게》를 읽고 –

펼치며 – 글은 사람의 인품과 나이를 반영한다.

그의 삶이 숭미하다. 40여 년의 교직생활을 퇴임하며 인생 1막을 마무리했고, 슬하의 다섯 남매를 각계의 전문인으로 키운 지극한 정성의 어머니다. 노고를 자축하며 유유자적해도 될 텐데 일을 냈다. 팔순을 기념한 미술 작품 개인전 개최와 수필집과 시집을 함께 출간한 일이 그것이다. 나이는 그저 숫자일 뿐, 여든의 나이가 무색하다.

인생살이가 힘들고 고단할수록 눅이는 예지가 필요하다. 삶의 스승에게서 그것을 배운다. 일관된 소신으로 살아온 인생, 풍성한 나뭇결이 이룬 아름다운 무늬, 열정과 지혜가 켜켜이 스민 둥근 테가 순란純爛하다. 참삶을 영위하며 연련하게 이어온 노을빛 인생이 주는 묵언의 가치를 헤아려본다.

지난해 일이다. 마당의 백모란이 가뭇없이 지니 모란을 노래한 시인처럼 계절을 '여읜 설움' 같은 허전함이 찾아왔다. 여름에 접어든 어느 날 뜻밖의 전시회 초대장이 배달되었다. 표지화가 백모란이었다. 눈부신 겹겹의 하얀 꽃잎 속에 노란 수술과 빨간 암술이 기품있게 표현된 그림이었다. 초대장에 이어 며칠 새 시집과 수필집이 동봉된 책 꾸러미도 받았다. 정정애 작가가 팔순을 기념해 준비한 전시회에 초대해줬고 발간한 시집과 수필집을 보내주셨다. 그동안 수필가로만 알았지 시를 쓰고 그림을 그리는 줄 몰랐었다. 마치 수험생처럼 치열하게 삶과 문학, 그림까지 섭렵하신 줄은…. 뜨겁게 존재의 의미를 붙안고 살아내시는 듯했다. 미루어 짐작건대 아마 밤을 지새워 글을 쓰고 그림을 그리며 준비했으리라.

한 해에 책 한 권 출간하기도 벅찬 현실을 두고 보더라도 '젖 먹던 힘까지 보태서 용기를 내었다.'는 작가의 자서에 공감이 갔다. 자서는 작가의 집필에 대한 동기와 인생 삶의 자세를 전방위적으로 피력하기 때문이다. 선생의 기운찬 삶의 자세가 엿보였다. 글은 작가의 인품과 연륜을 반영한다. 그는 자신의 인생을 빼닮은 나이테를 글로 낳은 것이다. 여든 개의 나이테를 가진 우람한 나무가 처음으로 이 세상에 내놓은 작품집. 웃밭에 해마다 토란을 묻어두고 묵묵히 '보리타작하는 농부의 도리깨 소리를 듣고야 싹을 틔우는 토란처럼' 서두르지 않고 느긋하게 준비하였단다. 지치지 않고 창작에 매진하는 자세야말로 필자가 선망하는 노년의 모습이다.

정정애 작가는 열정의 아이콘이다. 슬하에 여러 자식을 키우며 초등학교 교사로 시작해서 중등미술 교사로 정년퇴직을 했다. 9개의 도시락을 싸던 시절에도 학교에 나가 아이들을 가르쳤고 중등미술 교사가 되기 위해 머리 싸매고 공부했단다. 현실에 안주하지 않는 노력으로 꿈꾸던 미술 교사가 되었다. 자녀 양육과 직장생활, 녹록하지 않은 시골 초등학교의 열악한 환경에서도 또 다른 꿈을 꾸었고 꿈을 실현했다. 하고 싶은 공부를 위해 주춤거리지 않았고 적극적으로 도전해서 이루어 냈다. 그런 치열함이 생활이 되었고 습관으로 굳었다. 여든 연세에도 여일하게 새벽에 일어나 그림을 그리고 글을 쓴다는 것, 그의 노년이 더없이 고상하다. '목어'가 연상된다.

1. 새벽을 여는 부지런함으로

면 단위 지역 초등 교사 시절, 자녀들은 어렸고 기저귀 등 빨래는 많았으며 동네 우물물은 부족해 물 가난이 극심했단다. 새벽에 일어나 공동 우물터에서 겨우 두어 통 길어오면 식수로 쓰기에 급급했고 빨래는 언감생심이었다. 기저귀 빨래를 위해서는 수백 미터 떨어진 냇가까지 나가 맨손으로 빨아야 했으니 그 어려움을 어찌 다 짐작하랴. 이는 그 시절 우리 어머니들의 강인한 삶의 단면이기도 하다. 그렇듯이 자식을 낳아 키웠고, 직장생활을 했으며, 더한층 상승하기 위해 촌음을 아꼈다. 초인의 모습이다. 감사하게도 현대 생활 속 문명의 이기들을 볼 때 우리는 더없는 풍요 속에 살고 있다.

> 나는 다섯 자식을 기르면서 무던히도 많은 빨래를 해야 했다. 첫째와 둘째를 키우던 마령 솔안 마을은 지하수 수량이 부족하여 취사용 물을 공급받기도 어려웠다. 새벽 두세 시경에 공동 우물터에 물을 길으러 가면 겨우 두어 수대 떠올 수가 있었다. 그러니 집 근처에서 세탁한다는 것은 엄두도 못 내는 형편이었다. 결혼 전 나 살던 친정집엔 우리 식구만 사용하는 우물이 있어서 빨래나 목욕을 하는데 물 걱정은 없었는데 처음 당하는 물 가난으로 고생을 해야 했다. 천상 빨래를 하기 위해서는 삼백 미터쯤 떨어져 있는 강정리 냇가를 찾아가야 한다. 내가 편리한 세탁기를 만난 것은 막내아들이 초등학교 입학할 무렵이었다. 누가 세탁기를 발명해 내었는지 참 신통하고 고맙다. 오늘은 편리한 노년을 사는 내가 복 받고 행복한 사람이라는 생각을 하게 된다. 40년 전의 불편한 생활 모습과 오늘날 편리함을 도모하는 문명의 이기들을 비교하면 격세지감을 느낀다. — 〈빨래를 하다가〉

휴일이면 새벽 남부시장을 가끔 나가본다. 그저 시장 구경이다. 신선한 새벽공기도 좋고 새벽 장터의 활기도 더할 나위 없다. 시장은 서민들의 장이다. 그곳에는 허위도 가식도 권력도 지위도 없다. 진솔한 삶이 있을 뿐이다. 사고파는 사람들은 하루를 확장해서 사는 이들이다. 앞집 교수님과 가끔 마주친다. 교수님의 사진전을 관람한 적이 있는데 리얼리즘 사진, 테마가 '시장 사람들'이었다. 그분은 시장에서 만나는 평범한 사람들의 진솔함과 끈질긴 생명력을 응시하고 포착하기 위해서 새벽 출사를 나오시는 듯했다. 그렇듯이 사진 작업은 가난한 사람들의 한없는 고독을 여과 없이 미적으로 승화시키는 일일 것이다. 정정애 작가도 가끔 새벽시장을 찾아 구하기 어려운 황포묵도 사고 글감도 얻는다고 한다.

꿈 너머 꿈을 이룬 사람들은 하늘이 공평하게 허락한 '하루'중에서 잠자는 시간을 줄여 꿈의 과정으로 나아간다. 일상적인 시간을 '황금의 시간'으로 활용한다. 정정애 작가는 삼십 대 중반에 하루 다섯 시간쯤 자며 '중등미술 교사 검정고시'를 준비했다. 그렇게 몇 달 산 것이 여태 습관이 되었다. 퇴직을 하면 몇 날 며칠 늘어지게 잠만 자리라 했었지만 그 시간쯤이면 자동으로 눈이 떠진단다. 한결같이 살아온 길을 통해 오늘의 작가가 탄생되었으리라. 밤 열 시쯤 잠자리에 들면 새벽 세 시쯤 잠을 깬다. 무생물의 시간대지만 자신을 밝히는 시간, 그림을 그리고 시를 짓고 수필을 쓰는 것이다. 작가는 작품을 통해 자신을 드러낸다. 자신의 철학이나 가치, 중심 사상을 삶으로 구현하고 창작으로 꽃피운다. 검정고시를 준비하고 중등과 고등의 자녀들을 위해 여러 개의 도시락을 쌌던 그 새벽. 신약과 구약 성서 쓰기를 6년에 걸쳐 완필했고, 스케치한 그림을 완성하는 시간도 새벽 시간이었다. 독자들이 작품에서 기대하는 것은 결국 공감이고 감동이다.

> 칠십 넘어서부터 글 쓰는 공부를 시작하여 남의 글을 읽기도 하고 내 글을 쓰는 것도 새벽시간에 하게 된다. 어떤 때는 새벽 다섯 시에 남부시장 천변에서 열리는 도깨비시장에 가서 신선한 채소나 과일을 사 오기도 하고 늦게 가면 동나는 소양 할아버지의 황포묵을 사 오기도 한다. 나에게 내일을 살아갈 재충전의 시간을 마련해 주는 저녁 시간이나 내 삶을 지탱해 주는 새벽 시간이 나에게는 황금시간인 셈이다. 그 소중한 나만의 골든타임에 고마움과 뿌듯함을 느끼며 오늘도 그 시간을 틈타서 이 글을 쓰고 있다. — 〈나만의 골든타임〉

2. 자랑스러운 둥구나무

수필은 픽션이 아니라 진실을 담는 그릇이다. 담긴 내용으로 작가의 인품이나 삶을 유추한다. 삶의 반영이 그의 글이므로. 정정애 작가를 대하면 고요하고 따스한 정감이 전해온다. 수필에서는 깊은 사색과 지치지 않는 열정이 감지됐다. 첫새벽에 잠을 깨 맑고 고요한 정靜의 화면을 펼쳐 창작에 전념한다. 이는 묵묵히 자기의 세계를 확장해 나가는 일이다. 그의 아름다운 열의는 진실의 울림이다. 봄을 맞아 목청껏 울어대는 뻐꾸기와 개구리, 그리고 만발하는 온갖 꽃들의 향연이 '자아를 마구 우짖는 생명의 절규'이듯이.

작가의 세대 때엔 대부분 대여섯 혹은 일고여덟의 자녀를 두었다. 그러나 직장생활을 하면서 자녀 양육을 감당하기에는 무척 힘겨웠을 것 같다. 알뜰하게 키운 자녀들이 각기 어엿한 사회인의 몫을 다하고 있지만 유독 외아들을 생각하면 코끝이 찡하고 가슴이 먹먹해진단다. 청출어람이랄까? 어머니의 재능이 아들을 통해 발현된 듯하다. 그러나 애지중지하던 그 아들로 인해 애를 태운 적이 있었다. 대입 준비로 여념이 없을 고교 시절, 입시 공부보다는 글을 쓰고 시를 지으며 질풍노도의 과정을 고스란히 거쳤다. 입대를 위해 다니던 대학을 휴학이 아니라 자퇴 처리한 것, 아들이 대학보다는 '글 쓰는 일'에 뜻이 있었음을 뒤늦게 깨달았단다. 기도하는 맘으로 기다리는 수밖에 달리 도리가 없었으리라. 그 아들이 드디어 자신이 옳았음을 입증했다. 스물여덟 살에 '전북일보 신춘문예' 등단을 시작으로 동화, 희곡, 시, 소설, 수필 등 장르를 망라하여 문학의 전 분야에 커다란 족적을 남겼다.

정정애 작가는 아들을 생각하면 가슴이 벅차다. 북받친다. 그의 성취가 자랑스럽고 느껍다. 아들을 '느티나무'라 명명했음에랴. 그토록 믿음직스러운 거다. 빈 들판에, 마을 어귀에 의연하게 서있는 둥구나무. 동네의 구심목求心木으로, 시골 청년들의 미래에 대한 불안을 잠재워 꿋꿋하게 삶의 의지를 고양시키는 나무가 그것이다. 한 해의 운수대통을 빌고 도시로 나간 자식들의 성공을 기원하는 마을의 수호신. 치열하게 성장을 도모하는 여름날의 짙푸른 녹음과 새들이 깃들어 노래하는 나무, 소나기를 피해 그 나무아래 서면 나뭇잎 위로 듣는 빗소리에 한여름 무더위도 잦아들던…. 마을의 노거수, 성황 나무! 느티나무는 그런 나무다. 집안의 자랑이자 대견한 아들이 뭇사람들에게 희망이 되고 꿈의 증거가 되길 바라는 어머니의 기도가 지극하다.

> 내 아들을 생각하면 코끝이 찡하고 가슴이 먹먹해진다. 그가 문인이라는 이름표를 달고 살아온 삼십 년 세월, 아들이 신춘문예 동화부문에 당선된 것은 1995년이었으니 첫 등단을 한 지도 어언 22년의 세월이 흘렀다. 그동안 6회의 신춘문예 당선(전북일보, 한국일보, 조선일보, 전남일보, 광주일보, 경남일보)의 영예를 얻었고, 해양문학상 4회(부산 1회, 여수 2회, 전북 1회), 일반 문학상 8회 등의 귀한 족적을 남겼다. 장르를 넘나들며 치열한 작업을 해왔음을 조금은 알

고 있다. 참 나는 그 아이의 어미로서 한 일이 별로 없다. 그는 문학이라는 외길을 걸으며 항상 많이 외로웠을 것이다. 혼자서 첩첩산중을 헤매며 가시덤불을 만나는 때도 있었을 것이다. // 이 세상 모든 어머니가 그러했듯이 자식 잘되기를 바라는 마음과 긴 기도 끝에는 하느님의 전능한 힘에 의탁하고 마는 무기력한 어미였을 뿐이다.

— 〈느티나무에게〉

아들의 기도도 간절했으리라. 머지않아 반드시 부모님의 기대에 부응하고자. 그리고 등 뒤로 늘 어머니의 다사로운 눈길을 느꼈으리라. 자식의 꿈이 이뤄지기를 소망하는, 간곡한 그분의 염원을 감지하며 더욱 박차를 가했으리라. 신뢰에 힘입어 외롭고 팍팍한 길을 내색 없이 참고 묵묵히 걸으며 결과로 말하리라 마음 다졌을 것이다. 그간 아들의 성취와 노고를 헤아리며 어머니는 소망한다. 그의 작품 창고에 그득 쌓인 귀한 작품들이 책으로 엮여 세상으로 나와 햇볕도 쏘이고 바람도 맞으며 독자들과 소통하기를…. 정정애 작가는 부모로서 해 준 것이 없다지만 몸소 노력하는 모습으로 생활의 본을 보여 실천했다. 뭣보다 소중한 재능의 씨앗을 심어 주었고 아들은 소질을 십분 발휘 백배의 노력과 열매로 보답하였다.

3. 더없이 풍성풍성한 노년

인생을 반 넘어 살아 왔다. 후회보다는 더러 아쉬움이 있다. 노년을 맞아 대부분이 느끼는 감정이리라. 그때마다 최선을 다한다고 했지만 돌아보면 그렇다. 아이들 키우느라 정신없이 동동거렸고 직장 일 때문에 여유를 가질 수 없었다. 이제는 새해가 되면 그저 좋은 일이 생길 것 같고 망각의 저편에서 첫사랑의 전화라도 걸려올 것 같은 설렘도 있다. 꽃노을 물든 하늘을 바라보니 살아온 세월이 감사할 따름이다. 다 이루었고 이제 풍성풍성한 노년을 영위하며 할 일도 있으니 쓸쓸해 말 일이다. 초조해 말 일이다.

> 날씨가 따뜻해지면 앞뜰 텃밭에 채소를 가꾸어 식탁을 풍성하게 하고, 꽃나무와 화초를 심어 집안을 아름답게 꾸며보고 싶다. 이층 다락방에선 좋은 글을 많이 쓰고, 화실에서는 멋진 그림도 여러 점 그리고 싶다. 내 소원이 꼭 이루어지기를 바란다. 올해도 달력에 그려진 징검다리 같은 동그라미를 지우며 한 해를 보내게 될 것 같다. 문득 '새 달력'이라는 동요가 떠올라 조용히 흥얼거려 본다. '새 달력엔 아빠 생일이 들어있다. 새 달력엔 내 생일도 들어있다.
>
> — 〈새 달력을 벽에 걸며〉

중년을 넘어서면 추억을 소환하는 예가 많다. 시간적인 여유가 생겼기 때문일까. 즐거웠던 여행의 기억이라든가, 멋진 풍경이 인상적이었던 장소, 거기에 맛난 음식이 주는 추억도 간과할 수 없다. 정정애 작가에게는 생애 또 한 분의 엄마가 계시다. 시시철철 챙겨주는 큰언니다. 이 글을 읽으며 자책했다. 필자도 육 남매, 네 자매의 큰언니다. 줄줄이 있는 동생들을 제대로 챙기지 못하고 나 살기에 급급하니 면목이 없어서다. 작가의 큰언니가 해마다 사서 보내오는 황태를 감사한 마음으로 펼친다. 노랗게 바짝 마른 장작개비 같은 황태를 보며 양질의 황태가 나의 식탁에 오르기까지의 과정을 그려보고 감사를 잊지 않는다. 거무죽죽하게 마르면 '먹태', 너무 추워 하얗게 바래서 마르면 '백태', 딱딱하게 마른 것은 '깡태', 흐트러져 마르면 '파태', 붉고 딱딱하게 마르면 '골태'란다. 다양하게 불리는 명칭도 재미있다. 소고기 부위의 다양한 명칭에 지지 않을 만큼 서른다섯 가지 정도의 이름을 갖고 있다니 참 재미있고 놀랍다.

갓 잡아 온 명태는 생태, 꽁꽁 얼린 것은 동태, 완전히 건조시킨 것은 북어, 반 건조시킨 것은 코다리, 산더미처럼 많이 쌓아놓았을 때는 산태, 덜 자란 어린 것은 노가리, 봄에 잡은 것은 춘태, 가을에 잡은 것은 추태, 그물로 잡은 것은 망태, 낚시로 잡은 것은 조태, 멀리서 잡은 것은 원양태, 가까운 곳에서 잡은 것은 지방태, 강원도에서 잡은 것은 강태. ~~ 지금까지 먹어본 명태 음식 중 가장 훌륭한 음식은 황태 보푸라기다. 황태 살을 가볍게 두들겨 손으로 곱게 비벼서 솜털처럼 만들어진 것을 살짝 볶은 뒤 참기름과 양념을 가하여 무쳐 낸 것이 황태 보푸라기다. ―〈큰 언니 선물 황태〉

작가가 노년에 이르도록 건강관리도 잘해온 게 부지런한 성정 때문이지 싶다. 문학회 행사 때 베레모로 성장한 삽상한 예술가의 모습이 인상적이었다. 앞만 보고 여념 없이 인생을 살았고, 오 남매 양육에도 최선을 다했으며 한숨을 돌리고 보니 여든이 되었다. 후회도 없고 그저 감사가 넘치지만 아쉬움이야 어찌 없겠는가. 오랜만에 고향 상거마 곰솔 나무 그늘로 찾아드니 곰솔이나 작가나 같은 처지다. 둘레 4m의 커다란 몸통에 다른 소나무 몸통만 한 16개 큰 가지가 둥글게 뻗어 커다란 우산 모양으로 늠름했던 곰솔이었다. 세월이 흘러 4개의 가지만 겨우 남았고 그마저 10여 개의 쇠기둥으로 부축을 받으며 버티고 있다. 세월은 흘러가는 것이 아니라 쌓이는 것이란다. 인생은 버티는 자가 곧 이기는 거라지만 허허롭다. 늙고 쇠잔해진 곰솔을 보며 자신을 투영한다. 인생 누구에게나 예외 없이 찾아오는 노년. 머지않아 너나없이 맞닥뜨릴 일이기에 동병상련을 느낀다. 짠하고 애틋하다.

매화봉 밑자락에 둥지를 틀어 노년의 삶을 살고 있다. 아침이면 도

화봉에서 들리는 새소리에 잠이 깨고, 창문을 열면 푸른 숲이 코앞으로 달려온다. 지나간 세월의 발걸음 소리도 마음을 기울여야 들리는 법이라는데, 나는 지난날 너무 정신없이 허둥대며 살아온 것 같다. 그렇게 지나쳐버린 시간 속에 많은 소중한 것들을 속절없이 놓치며 지나친 것이다. 40년 긴 교직 생활을 하며 제자들에게 부족함이 많았을 것이고, 워킹맘으로 살면서 자식들에게 소홀히 했던 고비도 많았을 것이다. 또한 나와 인연 지었던 모든 분들에게 좋은 동반자가 되어주지 못한 회한이 나를 아쉽게 한다. 그 안타까운 마음이 내가 펜을 드는 이유일 것이다. 나의 글쓰기는 지나간 날들을 돌이켜 보며 갈무리하는 작업이디. 그렇다. 나는 한글로 한 자 한 사 너듬어 잃어버린 시간을 찾아가고 있다. 오늘 이 곰솔 나무 아래에서 80년 세월을 되새김질하며 다비식 같은 고즈넉한 석양을 씁쓸히 맞이하고 있다.

— 〈나이테 여든 되어〉

닫으며

수필집 《느티나무에게》를 찬찬히 읽으며 글로 표현되지 않은 수많은 이야기도 미루어 짐작해 보았다. 삶을 이보다 더 열렬한 애정을 가지고 살아 낼 수 있을까! 이제는 지난 세월을 담담하게 돌아보며 추억하면 되리라. 그의 수필은 연출하지 않은, 문학적으로 숙련되게 꾸며 쓴 글이 아니었다. 따뜻한 품성과 감사하는 마음이 느껴지는 글, 모습을 마주했을 때 느낄 수 있었던 인품이 그대로 배어 나온 글이었다. 인위적이 아닌, 저변에 내재한 따뜻하고 뜨거운 기운이 그대로 글로 드러났다. 이제 한풀 내려놓고 좋아하는 그림을 그리고 꽃나무와 눈도 맞추고 얘기하며 수필도 쓰고 시도 지으며 유유자적해도 될 것 같다. 작가는 우주의 일부면서 자신이 곧 우주이니 얼마나 귀한 존재인가. 가끔 손자 손녀들이 들려주는 느꺼운 소식에 활짝 웃고 소일하면 되리라. 뉘엿뉘엿 붉게 물든 서녘 하늘을 마주하고 서면 감사가 넘치리라. 더 바랄 게 있을까.

작가 최일걸 님의 글을 모두 구해 읽고 싶어서, 인터넷 서점 '알라딘'에서 찾아보았다. 아쉽게도 '전태일 문학상 수상작품'인 소설 〈감별〉이 수록된 작품집 단 한 권만이 검색되어 구해 읽었다. 어머니인 정정애 작가가 소망했듯 필자도 같은 생각이다. 머지않은 날 그의 작품을 지면으로 만나기를 고대한다. 그의 문학상 당선 소감을 옮긴다. 부모님을 사랑하고 존경하는 아들의 마음이 자못 깊다.

> 생을 다해 교단에서 후진 양성에 힘쓰셨던 나의 부모님은 당신들의 삶을 되돌려 텃밭에 이르셨다. 전 생애를 텃밭에 부려놓고 땅을 경작하며 하늘을 받아쓰기하시는 부모님의 터전에 근접하기에 나의 문학은 턱없이 부족하다. 하지만 나는 오늘도 쓴다. 나의 99%는 아버지 어머니이기에 나는 창작을 멈출 수 없다. 화폭 속에 당신의 세계를 구축하신 어머니가 물려주신 달란트가 내 문학의 바탕이다. 평생 정

직하고 성실하게 살아오신 아버지의 끈기와 의지가 내 창작을 가능케 하는 힘이다. 나의 글쓰기는 이 땅의 어둠에 빛을 던지는 작업을 게을리하지 않을 것이다. 창작을 통해 언저리의 삶을 세상의 중심으로 옮겨 놓을 것이다. 한가지 개인적인 욕심이 있다면 내 문학의 토양 위에 아버지 어머니의 기념비를 세우고 싶다. 이 땅에 작품을 남기기 위해 작가는 자신을 죽인다. 나는 죽어야만 하고 작품은 살아야 한다. 나는 가고 작품은 남는다. 아직 가야 할 길이 멀다. 창작을 위해 어떤 희생도 마다하지 않겠다. 수족을 자르고 기어서 전진할 것이다.

— 제18회 전태일 문학상 소설 부문 당선 소감

정조대왕이 사랑한 간서치看書癡, 이덕무를 읽다

간서치看書癡 이덕무를 알게 된 것이 내겐 신대륙의 발견이나 다름없었다. 이덕무라는 인물도 글도 문집도 많이 알려지지 않았던 까닭이다. 그를 알게 되고 그의 글을 접할 수 있었던 일이 내겐 영광이었다. 올여름 유별난 무더위에 시달리면서 읽은 '한서이불과 논어 병풍'은 초가집 겨울밤의 혹독함에 대한 은유지만, 가난을 초탈한 해학으로 느껴졌다. 그의 왕성한 호기심, 열정적 탐구, 방대한 글쓰기의 밑절미는 독서벽讀書癖에 있었음을 알 수 있었다.

고미숙 역의 《열하일기》와 고전평론가인 그의 《열하일기, 웃음과 역설의 유쾌한 시공간》 작품을 만난 건 10여 년 전일이다. 그 여름, 열하일기熱河를 읽으며 열하熱夏를 건넜던 흔흔欣欣했던 책 읽기로 기억된다. 박지원의 분신인 '열하일기' 전편全篇을 읽고 번역한 《열하일기》, 연암이 이동했던 거리를 되밟아 다녀온 《열하일기, 웃음과 역설의 유쾌한 시공간》은 작가의 유려한 문장과 능변의 해설이 화려했던 고미숙의 책이다. 글에서는 18세기 북학파(백탑파)의 일원인 박지원을 비롯해 홍대용, 박제가, 유득공, 백동수, 이덕무 등 서얼 출신 '불운한 천재'들의 삶과 사유, 말과 행동을 적나라하게 접할 수 있었다. 고미숙을 통해 이덕무는 영화의 '카메오'처럼 열하일기 이곳저곳에서 마주쳤다. 지독한 가난과 병약한 몸으로 책만 읽는 책벌레, 간서치看書癡라는 독특한 호는 내게 깊이 인식되었다. 그의 벗이자 학문적, 사상적 동지들에게는 '벽癖'과 '치癡'에 대한 애호와 예찬이 있었다. 병증이라기보다는 좋아하는 분야에서 미련하고 우둔하게, 미친 듯이 골몰하고 탐닉하는 긍정적인 병통으로 이해했다.

'호(號)'는 사전에서 문인, 화가, 학자 등이 본명 외에 가지는 풍아한 칭호로 풀이된다. 조선의 선비들은 자신이 뜻을 둔 곳에 자호自號를 지어 밖으로 드러냈다. 이덕무는 '간서치'외에 다양한 호를 썼다. 영처(嬰處 어린아이와 처녀, 즉 천진함과 순수함으로 글을 써야 한다), 청비(淸脾 빼어난 시구나 글귀로 창자를 씻음), 선귤당(蟬橘堂 이덕무의 집이 매우 작아 매미

허물과 귤껍질에 비유), 매탕(槑宕 매화에 미친 바보, 매화 마니아였던 그는 밀랍으로 인조매화를 만들어 곁에 두고 즐겼다), 청장관(靑莊館 '청장'은 해오라기의 별명이다. 이 새는 먹이를 뒤쫓지 않고, 제 앞을 지나가는 물고기만 먹는다)등 20여 개의 호를 썼는데, '청장관'은 그의 글 전서全書의 제목으로 쓸 만큼 이덕무를 대표하는 호다. 호는 자신이 살아가면서 뜻한 바가 있거나, 마음이 가는 사물이나 장소에 따라 또는 어떤 의미를 취해 스스로 짓거나 다른 사람이 지어 줄 수도 있는 호칭이다. 호는, 선비가 뜻을 어디에 두었는지 알 수 있는 사회적 자아의 표상이다. 이덕무의 몇몇 호만 보더라도 그의 삶이 그려진다.

'편지를 쓰다'는 13여 년 동안 편지로 학문을 논하고 분석하며 교류를 통해 조선 최대의 학술논쟁으로 퍼진 '사단칠정 논쟁'의 주인공, 퇴계와 고봉의 편지글을 엮은 책이다. 당시 쉰여덟 살 대 유학자로 최고의 존경을 받던 퇴계는, 서른두 살에 문과에 갓 급제한 까마득한 젊은 후배 기대승과 만남을 기뻐하며 지극한 예로 대하는 감동적인 장면이 있다.

> 퇴계 선생님께 답하여 글을 올립니다.
>
> 대승은 삼가 머리를 조아려 두 번 절하고 말씀드립니다. 삼가 보내주신 편지의 뜻을 자세히 살피건대, 세상에 대처하는 의리와 도를 배

> 우는 공부에 대해 자세하고 분명하게 말씀해 주시어, 소경과 귀머거리를 보고 듣도록 해 주셨으니, 나를 이루어 주신 분의 은혜는 나를 낳아 주신 분과 같다는 말은 이를 두고 한 것입니다. 뼛속 깊이 새겨 죽을 때까지 따라야 할 것으로 여기지 않을 수 있겠습니까! 제게는 크나큰 행운이었습니다.

> 존재에게 답함.
>
> 황은 머리를 숙여 두 번 절합니다. 제가 이태 전 무오년에 서울에 갔던 일은 크게 실패했습니다만, 오히려 다행스럽게 여긴 것은 우리 명인을 만났기 때문입니다. 그리운 마음이 그지없던 차에 마침 자중이 전하는 그대의 편지와 사단칠정에 관한 논설을 받았으니, 그 기쁨을 짐작하실 수 있을 것입니다. 저의 견해 가운데 편치 않은 곳이 한두 군데 있는 것을 깨달았으나 미처 고치지 못했습니다.

이덕무를 대하는 박지원의 극진한 마음도 퇴계가 고봉을 대하는 마음과 닮았다. 지금의 종로2가 탑골공원을 중심으로 모여 산 당대의 문인과 다양한 분야에서 자신만의 세계를 터득한 실학파들과의 교류 또한 그랬다.

> 내가 열아홉, 스무 살 때쯤 박지원 선생이 문장에 조예가 깊어서 당대에 이름이 높다는 소리를 듣고, 탑의 북쪽인 선생님 댁에 찾아뵈

러 갔었다. 박지원 선생은 내가 자신을 찾아왔다는 말을 듣고 의복을 갖추고 나와서 맞아주셨다. 오랫동안 사귄 친구를 다시 만난 듯 손을 맞잡고, 지은 글을 모두 꺼내 읽어볼 수 있게 해 주셨다. 이윽고 몸소 쌀을 씻어서 다관에 밥을 해 맑은 사발에 퍼서 옥소반에 받쳐 내오셨다. 그리고 술잔을 들어 나를 격려해 주셨다. 4살 연상이었고, 신분의 차이가 있었음에도 불구하고 벗에 가깝게 존중하고 나의 글을 높이 평가해 주셨다. — 〈이목구심서〉

어려서부터 책 읽기와 글쓰기를 좋아했던 이덕무가 스무 살에 엮은 최초의 작품집이 영처嬰處문고다. 자신이 쓴 글의 근간이 어린아이의 천진함과 처녀의 순수함, 가식과 인위가 아닌 진정성이 바탕임을 나타내는 글이었다. 이는 중국의 철학자 이탁오의 '동심설'과 독일의 쇼펜하우어의 문장론과도 일맥상통함을 보여줬다. 이덕무는 우리 주변의 '사소하고 보잘것없는' 것들의 아름다움을 재발견해 문장으로 보여 준다. 스물네 살에서 스물여섯 살까지 삼 년 동안 쓴 산문집 《이목구심서》가 있다. 조금 더 이른 시기에 쓴 《선귤당 농소》 '선귤당에서 크게 웃다'는, 매미 허물 같고 귤껍질 같은 소박하고 초라한 집에서 일상생활 속 신변잡기, 잡감雜感에 대해 쓴 글이다. 수필의 소재로는 '우수마발' 소의 오줌과 말의 똥, 즉 가치 없는 것이라도 의미 있는 글의 소재가 될 수 있다고 공부한 바 있다. 이덕무는 이 이론을 240여 년 전에 실천해 보여준 셈이다. 일상의 사소하고 잡다한 것은 물론 하늘로부터 땅의 끝까지 무엇이든 글의 소재로 삼아 옮겨 적어 보라고 일러 주는 듯하다.

이덕무는 인생의 반 이상을 재야에 묻혀 살았다. 1779년 서른아홉 살이 되어 천우신조로 탁용擢用되었다. 정조는 즉위 3년에 문치文治를 표방해 새로운 인재를 널리 발탁하려 고심하던 끝에 집현전을 모방한 '규장각'을 세웠다. 두루 학문과 지식을 갖추었으나 벼슬을 하지 못한 문학에 능숙한 선비를 관원으로 뽑아 '검서檢書'의 관명을 하사했다. 이덕무가 첫 번째로 발탁됐다. 정조는 스승이 제자들을 가르치는 것처럼 신하들의 학문을 시험하고 시문을 평가하는 데 엄격하고 단호했다. 모든 검서관에게 〈규장각 팔경〉으로 7언 율시를 여덟 수 짓게 했는데 이덕무가 '장원'을 했다. 다시 〈영주에 오르다〉를 20운으로 시를 짓게 했더니 또다시 이덕무가 '장원'을 차지했다. 그 후 검서관은 물론 조정 대신들까지 참여해 〈성시전도〉를 시제로 7언 고시 100운을 짓게 했는데, 정조가 매긴 점수에서 이덕무의 시가 '아'(雅 우아하다)라는 최고의 찬사를 받았다. 이덕무는 '구중궁궐에서 내린 한 글자의 표상이 미천한 신하의 평생을 결단할 수 있었다'는 말을 남겼다. 박지원은 장원의 결과를 듣고 "다른 사람들에게 인정받지 못했던 재능과 식견을 마침내 임금님에게 인정받게 된 것"

이라며 크게 기뻐했다고 한다.

기궤첨신奇詭尖新, 기이하고 괴이하며 날카롭고 새로운 문장과 방대한 지식, 심오한 학문의 세계를 열정적으로 피력한 이덕무는 너무나 이른 시기, 53세에 병마를 이기지 못하고 쓰러졌다. 박지원은 그의 죽음을 일러 "꼭 나를 잃어버린 것 같구나" 하며 애통해했고, 인재를 잃은 슬픔은 정조대왕도 다를 바 없었으리라. 정조는 그의 아들 이광규를 검서관으로 특차하고 이덕무가 남긴 유고를 모아 유고집을 간행하라 어명을 내렸다. 가난한 집안 형편을 헤아려 유고집 간행에 쓰일 비용으로 국왕의 내탕금 500냥을 하사하고, 조정 대신들도 비용을 출연하게 종용해 공식 국가기관인 규장각에서 간행하도록 했다. 고위 관직의 문신도 쉽게 얻을 수 없는 영예로운 일이었다. 저술 총서인 《청장관전서靑莊館全書》가 그것이다.

박지원은, 이덕무의 시를 '조선의 국풍'이라 극찬했다. 그가 산 53년, 평생 읽은 책이 2만여 권이 넘고 직접 베껴 쓴 승두세자(蠅頭細字 파리머리만 한 작은 글자) 또한 수백 권에 이른다고 연암은 말했다. 책을 필사하는 자신의 벽癖을 위해 직접 여러 종류의 종이를 만들어 사용하기까지 했단다. 이덕무의 평론집 《청비록淸脾錄》을 짚어보지 않을 수 없다. 청비, '창자를 씻다'에서 "하늘과 땅 사이의 영명한 기운은 옛날과 지금이 조금도 다르지 않습니다. 그러므로 그 빼어난 글

귀를 채택하여 나의 창자를 씻고자 합니다."며 조선, 중국, 일본의 한시를 해설하고 비평한 책이다. 이덕무의 독서벽과 문장, 존경하고 흠모하며 교류했던 벗, 그의 삶을 두루 관망했다. 모든 것을 아우르는 시詩 한 편이 내내 목에 걸려 여러 번 필사했다.

'열매 맺지 못한 꽃'

널리 알면서도 편찬하거나 저술하지 못하는 것은 열매를 맺지 못하는 꽃이나 다름없다. 이미 떨어져 버린 꽃이 아니겠는가. 편찬하거나 저술하면서도 널리 알지 못하는 것은 근원이 없는 샘물이나 다름없다. 이미 말라 버린 샘물이 아니겠는가 — 〈이목구심서 2〉

글을 쓰지 못하는 것은 스스로 깨달아 터득함이 없어 열매 맺지 못하는 꽃과 같다고 깨우침을 준다. 열심히 읽고 그 결실로 글을 열심히 쓰라는 독려다. 만 권의 책을 읽더라도 다른 사람의 말과 글을 배우고 익히는 데에만 그친다면 아무것도 알지 못하는 것과 다음 없다는 말이다. 얻은 것이 있으면 애써 글을 쓰려 하지 않아도 쓸 수밖에 없는 노릇이란다. 가슴 속에서 흘러넘치는 것을 어찌할까. 내가 쓰지 못하는 것은 나의 게으름 탓이리라. 또 하나, "사마천의 문장은 책 속에 있지 않았다."는 옛사람의 말을 곱씹어 볼 일이다. 또한 세상의 이치가 어찌 책 속에만 있겠는가.

가슴과 머리에 2만여 권의 책을 품었던 책벌레. 정조로부터 '최고의 시문과 문장'이라는 격찬을 받았던 대문장가. 삶의 표상인 해오라기 '청장'처럼 자기 앞의 물고기만 취하는 청빈한 관료. 연암을 비롯해, 천문학자 홍대용, 재야 과학자 정철조, 사회개혁가 박제가, 역사학자 유득공, 기하학자 유금 등 각 분야에 '벽'과 '치'로 매몰되어 일가를 이룬 벗들과 교류한 이덕무의 삶이 유난히 빛나 보인다.

지식은 하나를 알게 되면 다른 지식에 대한 의문이 일어난다. 그 의문을 점진적으로 풀다 보면 또 다른 지식에 대한 의문이 생긴다. 문학을 알면 역사가 궁금해지고, 역사를 알면 철학이 궁금해지고, 철학을 알면 과학이 궁금해지는 것과 같이. 그래서 학문과 저술이 지극한 경지에 오른 사람은 반드시 문학가이자 역사가였고 철학자이자 과학자였으며 또한 예술가였다. 청장관 이덕무를 이름이다. 또한 최재천 교수가 이른 '통섭'이 같은 맥락이리라. 이덕무는 많이 읽고 많이 쓰기를 권장했다. 책은 읽으면 읽을수록 모르는 것이 더 많아진다. 읽고 싶은 책이 자꾸만 불어난다. 나는 이것이 아이러니다.

정치精緻한 언어의 뜰채로 엮은 인생 노래

–《상상만으로도 행복하여라》를 읽고

1. 서두 – 나이는 숫자에 불과하다

작가 정원정 선생을 통해 '나이는 숫자에 불과하다'는 비유의 적절함이 여실하게 증명됐다. 여든하나의 연세에도 아랑곳없이 첫 수필집을 출간한 그 아름다운 집념을 보라! 일흔 후반에 시작한 수필 공부에 쏟은 열의를 두고 보더라도 배움을 위해서 얼마나 열정적인가를 짐작하게 한다. "수필 공부를 시작할 때도 망설이지 않았다. 나이, 거리 등 계산할 필요를 느끼지 않았다. 마음이 정해졌을 때 스스럼없이 등록했다." 선생은 수필창작 수업에 참석하기 위해 2년여 동안 백 리가 넘는 거리를 정읍에서 전주까지는 시외버스로, 버스터미널에서 전북대 평생교육원까지는 택시를 이용했단다. 강의를 듣기 위해 백발의 가냘픈 몸으로 먼 길을 밟아와 누구보다도 먼저 강의실 문을 연 그 끈기와 성실성이 찬연燦然하다.

수필집 《상상만으로도 행복하여라》는 제호題號에서부터 긍정의 여운으로 가득하다. 책을 읽는 내내 상상想像이 주는 무한대의 자유와 행복에 기꺼이 동참할 수 있었다. 아쉽게도 나는 선생의 첫 작품집이 출간된 지 5년이 지나서 만나게 되었다. 2013년 '행촌수필 24호 출판기념회' 때 '수필낭송'을 부탁받고 회원들 작품을 두루 살펴보았다. 그리고 그의 '목포문학상' 수상 작품인 〈군불을 지피며〉를 선택했다. 글이 주는 운치가 내내 산울림처럼 맴돌았다. 수필을 짯짯이 외워 낭송했다. 그때 선생의 수필집 존재를 알게 된 것이다. 나도 선생과 비슷한 시기에 수필 공부를 시작하였지만 시낭송에 빠져 문학회 활동에 소원했던 터라 회원들 책 출간 소식에 어두웠었다.

정독한 선생의 작품들을 통해 험한 세상을 살아 낸 80년 넘는 세월이 고단하고 치열하였음을 짐작할 수 있었다. 그런데도 문학을 사랑하는 일관된 지향! 수필은 편편이 순란純爛했다. 정원정 수필가는 스물둘의 꽃다운 나이에 맞닥뜨린 6·25 전란 동안 "무법이 법인 치안 부재의 시기 끔찍한 사건의 연속 속에서도 누군가의 도움으로,

마치 보이지 않는 손이 뒤에서 보살펴 주는 듯했다."(오래된 이야기 1)고 술회한다. 일제강점기와 한국전쟁 등 극도의 혼란기는 작가가 초인의 정신력과 깊은 신앙심으로 이겨낸 인간 승리의 절정이라 하겠다. 그 연장선이 평생의 소원인 '문집발간'이며 한 걸음 더 나아가 글을 쓰는 작가로의 변신일 것이다. 인생 120세를 운운하는 요즘이고 보니 앞으로 무궁한 작품들을 기대해도 아무 거리낄 것 없으리라.

2. 작품 속으로 – 다양하고 넓은 인생 공부

글은 곧 그 사람이다. 수필은 어느 문학 장르보다 작가의 면모를 깊이 들여다볼 수 있기 때문이다. 그런 특성은 자칫 개인적인 신변잡기나 자기중심적인 고백의 성향에 머무를 우려가 있다. 작품 속에 자신의 삶을 지나치게 부각할 때 문학적인 감동은 반감된다. 가치 있는 체험을 하고 그것을 충분히 여과시킨 다음 글로 옮겼을 때 공감과 감동이 따르리라. 평범한 제재일지라도 작가의 예리한 통찰력에 부딪히면 새롭게 해석되어 의미화가 이루어진다. 독자를 끌어안는 흡인력이 전제될 때 독자는 좋은 글을 만난 기쁨을 누린다. 자기의 글 세계 구축을 위해서는 작가 특유의 문체를 개발하는 일도 한 방법이 되리라. 차별화된 어휘 사용을 통한 개성적인 문장을 이루는 일이 그것이다. 정원정 수필가는 문장의 단어 하나를 부려 쓰는 데도 치열하게 고민하고 끊임없이 모색한 노력을 엿볼 수 있다. 독특한 향과 고상한 분위기는 글맛의 품위를 더한다. 그의 글 속에는 반짝반짝 보석 알갱이로 박힌 순결한 우리말, 벼린 문장을 만나는 즐거움이 있다. 고유어의 생소함은 사전을 펼쳐 곰파고 공부하게 만든다.

'쌍그레하다·거시시하다·후출하다·덩덩그러니·간짓대·배트작거리다·새살떨다·푸새하다·비게질·무춤하다·숫되다·어스레하다·가리사니·옹송그리다·에멜무지로·비금비금한·뒤넘스런·들음들음·길눈·찬바람머리·바람꽃·배지구름·작달비·어령칙하다' 등등

수필집을 읽는 동안 우리말이 주는 푼푼한 정감은 한무릎공부에 빠져들게 했다. 곱씹을수록 맛이 나는 고운 우리말 공부가 새삼스러운 기쁨을 선사한다. 작가는 그런 우리말을 만나려고 사전을 얼마나 열어 보았겠는가. 윤재천 교수의 수필론에 "작가는 얇고 넓게 알아야 한다. 많은 것을 알아야 적절하게 글을 조립할 수 있다."라고 주문한다. 다양한 분야에서 각양의 삶을 사는 이들과 폭넓은 교류도 이에 해당하리라. 선생은, 목회자를 비롯해 스님·도예가·시인·화백 등 각계각층의 글벗들과 교류하며 해포이웃으로 도탑게 지낸다. 나와 다른 종교를 가졌더라도 타 종교를 존중하는 마음으로 돈독한

인간관계를 이루어 열린 종교관을 체득한 것이다. 작가 자신은 독실한 기독교 신자임에도 불구하고 스님께 드리는 편지글은 종교인으로서의 너른 품을 짐작하기에 충분하다.

> "아침나절, 씻은 고춧잎을 한 소쿠리 건져놓고 잠시 거실에 들어왔습니다. 가을 햇살이 차분하게 거실까지 들어와 있네요. 시방, D.V.D로 뮤지컬 〈레미제라블〉이 화면에 나오고 있습니다. 오디오기기를 오랫동안 작동을 안 하면 고장이 날 수 있다기에 아까 켜놓고 나갔다 들어왔거든요. 소파에 앉아 화면을 보다가, 마저 장발장의 〈그를 살려 주소서!〉 노래까지 듣고 있습니다." — 편지글 〈○○스님께〉

다양한 장르에 대한 관심을 두고 넓게 공부하는 방법으로 영화와 음악, 미술만큼 지성적知性的인 분야가 있을까? 일제강점기와 한국전쟁의 와중에 문학과 예술을 접하기는 어려웠을 터, "중년을 건너면서 내 생애 처음으로 전축을 들여놓고 곰비임비 음반을 사 모으며 음악을 듣게 되었다.〈음악은 늘 내 곁에 있었다.〉 음악을 통해 정서를 풍부하게 훈련하고 좋은 전시회를 찾아 지성을 확장하는 일, "간송미술관을 당일치기로 다녀오는 불편함을 감수하려니 비싼 세금을 낼망정 문화적 혜택을 누리려면 서울이 좋겠다 싶었다."〈상상만으로도 행복하여라〉 뮤지컬을 감상하고 화랑과 전시장을 찾으며 세계적인 화가

들의 작품전을 놓치지 않는 견문의 연마가 있었기에 남다른 작품의 격을 이루었으리라. 마음은 원하나 여건과 형편이 부응되지 못하는 경우가 우리 대다수의 형편일 텐데 생각을 주저 없이 행동하고 시도할 수 있는 선생의 행유여력行有餘力과 주변 환경이 일면은 부럽기도 하다. 그러나 노老작가의 열정적인 행보와 끊임없이 정진하는 자세는 모든 글을 쓰는 이들에게 나타내는 바가 크다.

평일 오전, 간송미술관 초입에 섰다. 한지에 붓글씨체로 쓴 '우암 송시열 탄신 400주년 기념서화전'이 첫머리 기둥에 자그맣게 붙어 있다. 약간 언덕진 길을 오르자 오랜 세월을 견디고 서 있는 나무들이 고즈넉이 나를 맞았다. 여느 시골길을 연상시켰다. 우리 고유의 전통적인 민족문화를 이루어간 시기를 진경 시대라고 하며, 영·정조 문예부흥기라고도 한다는 것이다. 진경산수화풍이 예술의 꽃으로 완성될 수 있었던 것은 그 뿌리에 우암 송시열이 있었다는 것이다. 겸재 정선은 진경산수화 풍의 창시자이며, 그런 연유로 이번 전시회에 겸재의 그림 일부가 함께 전시된 것이다. 암울한 일제 치하의 소용돌이 속에서 아무도 못 하는 일을 한 간송 전형필 선생은 참으로 아름답게 살다 간 분이다. 인생의 가치를 알고 반만년 문화유산을 잃어버리지 않도록 지켜 준 선각자이셨다. ― 〈아름다운 사람〉

내 생전에 '빈센트 반 고흐 미술전'이 언제 또 오겠냐 싶어 서둘러 12월 13일 KTX를 타고 서울로 갔다. 평소에 책에서 보았던 그림들이 꽤 많이 눈에 들어왔다. 〈프로방스의 시골 길 야경〉, 〈해바라기〉, 〈추수〉, 〈별이 빛나는 밤〉, 〈씨 뿌리는 사람〉, 〈고흐의 자화상〉 등 화집에서 보았던 낯익은 그림들이다. 〈노란 집(거리)〉은 짙은 코발트색 하늘을 배경으로 앞에 광장이 있는 노란 건물을 그린 그림인데 참 탐이 났다. — 〈고흐의 미술전시회를 다녀와서〉

모네의 특별전을 찾은 것은 10여 년 전의 인연 때문이다. 큰딸 내외가 미국 뉴욕으로 나를 초청하였는데 그들이 바쁜 생활 중에도 맨 먼저 구경시켜 준 곳이 메트로폴리탄 박물관이었다. 그때 처음으로 클로드 모네(1840-1926)의 그림을 보았다. 거장들의 그림도 함께 보았지만, 인상에 남은 것은 모네의 초대형 그림 '수련'이었다.

— 〈모네와 물 위의 풍경〉

문학의 갈래 중 상상력을 동원한 허구虛構를 본연으로 창작되는 소설, 상징과 비유를 통해 정서와 감정을 표현하는 양식이 시詩라면, 개인의 경험을 과장하거나 미화 없이 가장 개성적이고 심경적인 글로 나타내는 분야는 수필일 것이다. 허구虛構를 배제한 역사적 사실을 바탕으로 개인의 특별한 경험이 의미화될 때 가슴 서늘한 감동과 여운은 한층 배가倍加되리라. 고문으로 시르죽은 몸과 마음, 어머니가 차려주신 단출한 밥 한 상을 받고 지은 작가의 시詩 편이 눈물겹다. 앞서가는 사람이 총살당하는 장면을 생생하게 목격한 스물둘의 처녀는 아마 허방에 빠진 듯 제정신이 아니었을 것이다. 앞날을 예측하기 힘든 암울한 시기에 신앙이 없었다면, 작가의 표현대로 '보이지 않는 손의 도우심'을 의지하지 않았다면 견디기 힘들었을 법하다. 이어령 님은 "작가는 빵 속에 초원이 있고 바람이 있으며 호밀이 있음을 보는 사람이다."고 했다. 이는 통찰과 영성을 이름이겠다. 아득한 공포의 나날 속에 '저 높은 곳'을 소망하지 못했다면 어찌 견디고 이겨냈으랴. 한 덩이 바위에서 인간을 보고 한 그루 나무에서 인생을 개략하고 보이지 않는 세계를 영안으로 감지하는 역량을 작가는 글로 발현했다.

> 어머니/ 내가 떠나온 고향 집 울타리 옆/ 우거진 아까시 숲에서/ 저물녘이면 저렇듯 참새들/ 조잘대는 소리/ 무슨 푸닥거리인 양/ 온통 시끄러웠지/ 그날도 분주소에서 고문당해/ 온몸 멍이 들어 시르죽어 돌아온/ 이 여식에게/ 어머니는/ 가을 풋콩 섞인 햅쌀밥에 게장/ 단출한 저녁 밥상 차려 주셨더이다/ 팔다리 허리 어깨에/ 가지색 멍이 손바닥만 하게 여기저기 묻어 있는 이 여식이/ 그래도 살아 돌아온 것만으로/ 애잔하고 눈물인 듯 맞으셨으리라. 1950. 10.
>
> — 〈오래된 이야기 3〉

신작로 산모퉁이 길섶, 한참 저 앞에서 오종종한 인민군 두어 명이 행인을 검문하고 있었다. 내 앞에 저만치 걸어가는 한 남자, 밀짚모자에 흰 바지저고리, 바지를 돌돌 정강이까지 말아 올려 차림은 분명 농부였다. 그 남자를 세워 몇 마디 주고받던 인민군, 그만 그의 가슴에 권총을 쏘았다. 산이 무섭게 흔들려서일까? 그는 벌떡 뒤로 넘어졌다. 다시 그의 가슴을 내리 겨누어 연거푸 총을 쏘았다. 그는 손발을 치올려 허공을 향해 마구 휘젓다 길게 뻗어 버렸다. 흰옷 입은 남자 그는 질질 끌려 산 밑에 버려졌다. 삽시간에 눈앞에서 일어난 일, 분명 꿈이 아니었다. 차마 그 앞을 지나칠 수 없어 오던 길로 되짚어 한참을 걸어와 섰다. 흔들거리는 사지를 추스르며 뒤돌아본 남녘으로 가는 신작로 여전히 아득히 멀고 거기 산은 그대로 푸르기만 했다. 1950. 7. 4. — 〈오래된 이야기 1〉

3. 마무리 - 고통스러우나 즐거운 글쓰기 작업

작가 정원정 선생은 가슴속에 잡지도 버리지도 못하고 꼬다케로 평생 안고 온, 문학에 대한 일관된 지향을 더는 묻어두지 않고 한 권의 책으로 탄생시켰다. 선생의 수필적인 삶이 반영된 수필작품은 그의 종교며 인생의 지문이고 순결한 나이테다. 소설가 이문열 선생이 "소설이나 시는 조금만 노력하면 쓸 수 있지만, 수필은 너무나 어려워 쓰지 못한다."고 했다. 소설이나 시보다 어렵다는 '수필', 수필가는 더 '치열한 글쓰기'를 감행해야 하리라.

> 드문드문 글답지 않은 것이지만, 적어 두었던 글들도 내게는 버릴 수 없는 미련이었다. 내 살아온 이야기를 문집으로 만드는 일이 우선이었다. 내 나이도 예측을 못 할 듯해서다. 지금 생각으로 수필집을 발간하게 된다면 한지공예 작품 사진을 실었으면 한다. 작년까지 11번 입상을 했으니 그것만 넣어도 개인전을 대신할 것 같다.
>
> — 〈팔순 잔치는 그걸로 족했다〉

주변은 생명으로 가득하다. 따뜻한 사랑과 밝은 빛, 땅 물 동식물 별 달 풀잎과 나무. 우리는 생명을 유지하기 위해 공기를 들이마시고 내 몸의 독소는 내뱉는다. 사람도 자연의 일부임이 여실하다. 그래서 자연에 깃들기를 염원한다. 인간 본연의 수구초심(首丘初心), 선생의 글에는 흙내 나는 시골에 붙박이고 싶은 심경이 곳곳에서 엿보였다. 문화적 혜택을 누리려면 서울이 최고겠지만 푸릇한 5월인데도 덕수궁 앞 나무의 푸석해 보이는 모습이 안쓰러웠단다. 한밤중 뜰에 나와 올려다본 머리 위의 정경. 쏟아질 것 같은 무수한 싸라기별, 별똥별이 주는 황홀함을 어디에 비할까. 간짓대로 따오고 싶은 휘영청 밝은 달과 사람 곁에서 노니는 산새·나비·잠자리·벌·반딧불이의 정겨움. 가을 단풍, 천지를 뒤덮을 장엄한 겨울눈까지. 머언 먼 겹겹산 주름이 주는 옴팡한 아늑함이 있는 곳에서 노후의 삶을 부리고자 작가는 갈망한다. 그 꿈이 꼭 이루어지길 빈다. 또한 그의 글쓰기를 비롯한 열정적인 삶의 모습은 많은 독자에게 본보기가 되었으리라.

우리는 모두 하늘로부터 삶이라는 선물을 받았다. 오래 살기만을 기도할 것인가? 오래 살면서 끊임없이 익히고 연마하며 신이 주신 마지막 순간을 잘 마무리 할 것인가는 우리들 각자의 몫이다. 그냥 허허롭게 늙기보다 무언가를 공부하며 열정을 기울였던 그 순간처럼 여일하면 어떠리. 그 답을 정원정 선생의 삶 속에서 보았다. 앞으로도 건강의 축복이 더하여 고통스러우나 즐거운 글쓰기의 결실들, 윤이 나도록 매만졌을 다음 작품집을 고대苦待한다. 선생의 작품집을 마음을 다해 읽었지만 혹 내 '독서의 결함'이 있었을까 저어된다. 분명 선생의 글에 동화되고 감동하였음을.

책 속에서 만난 책

지난해 6월, 도내 수필가들을 아우르는 의미 있는 모임이 있었다. 전북의 15개 문학회가 처음으로 갖는 상견례였고 연년이 이어가자는 호평으로 마무리되었다. 모 문예지 발행인의 문학 특강이 인상 깊어 그분 책을 몇 권 샀다. 개인 작품집으로 알고 샀는데 여러 작가의 좋은 작품을 선해 엮은 책이었다. 조선 후기 신유한은, 최성대의 '산유화' 시를 보고 감동해 일어나 춤을 추고 친구를 맺었다고 한다. 그는 친구의 시를 '물 위로 살며시 솟아 나온 연꽃 봉오리가 깊은 골짜기에서 은은한 향기를 풍기는 천궁과 같으니 천하의 일품이다'고 평했다. 예의 조선 선비가 시 한 줄의 강한 이끌림으로 독자가 된 것이다. 강의가 좋아 책을 샀고 그 책을 통해 다양한 작가의 산문집, 시집, 소설평론, 기록문학, 문학평론집을 두루 구했다. 나의 책 읽기는 글쓰기에 아둔한 나의 결여를 보상하는 문학에의 선망, '문학적 허영' 임에랴.(윤택수의 '정서적 허영', 정홍수의 '정신적 허영' 최화경의 '에스프레소 허영'에서 '허영'을 차용한다.)

책 속에서 책을 만난다. 그녀의 책도 이런 인연으로 비롯되었다. 그녀처럼 백석의 시집을 다시 꺼내 거듭 들췄고, 신형철의 평론과 산문을, 윤택수의 시와 소설과 산문집을, 정홍수의 소설평론도 음미했다. 간절히 원하던 음식을 먹을 때가 가장 맛있듯, 읽고 싶은 책을 구해 읽는 일이야말로 가장 기쁜 일이다. 이는 내게 주는 선물이다. 책읽기는 연쇄반응을 불러온다. 그녀의 글을 무연히 읽다가, 다른 글을 찾아 계속 읽지 않을 수가 없었다. 읽을수록 그녀에 대한 신뢰가 더했다. '믿고 보는, 믿고 사는, 믿고 읽는' 지성과 감각이, 진심과 열정이 버무려진 글들. 그녀만의 아우라를 발하며 추종을 불허하는 기품에 반했다. 되풀이해 반추하며 음미하며 낭독한다. 그녀의 글을 일각에선 '서령체'라 운운한다. 그녀는 모국어의 가장 섬세한 유역에서 정감과 운율을 퍼 올린다. 무슨 단편소설 같고 산문시 같은 그녀의 글에 매료된다.

*** 한국 현대사를 온몸으로 헤쳐 온 여덟 인생이야기를 담은 책《여자전》**

어려서부터 낯선 사람만 보면 귀찮을 정도로 이야기를 해내라고 졸랐다는 김서령. 어쩌다 집에 묵어가는 봇짐장수나 친척들은 그의 등쌀에 밤을 하얗게 새며 온갖 이야기를 풀어놓곤 했다. 배 터지게 이야기를 듣다가 몽롱하게 잠들면 아이를 안아다 눕히며 그의 엄마는 "이야기를 너무 즐기면 눈물 흘릴 일이 많아진다는데." 하며 걱정했다. 살다 보면 가끔 "내 살아온 사연을 다 풀어놓으면 소설책 서너 권은 되고도 남는다."는 할매를 더러 만난다. 현대사의 격랑을 온몸으로 헤치며 살아온 울음 묻은 이야기들이 여기 있다. 살아있는 역사를 간직하신 분들을 찾아 전국을 돌았다. 이 이야기는 충실한 기록문학이다. 50년 넘게 홀로 가문을 지켜온 종부 이야기를 비롯해 빨치산 활동을 했던 할머니와 위안부 할머니, 팔로군 출신 기공 연구가 할머니와 한 달의 인연으로 평생을 혼자 살아온 할머니, 문화계의 걸출한 욕쟁이 할머니, 황진이보다 더 치열했던 춤꾼, 독립신문 여기자에서 명성황후의 화신이 된 할머니 등. 여덟 분의 기막힌 인생을 만났다.

종가의 '종녀'였던 김후웅 할머니는 그녀의 고모다.(아들 귀한 가문이라 집안에서 여자 이름을 숫 웅, 뒤 후 '웅후'와 '후웅'으로 교대로 썼단다) 열여덟 살에 광산 김씨 종가 종부가 된다. 결혼 후 신랑은 사랑에서 사랑어른하고 한방을 쓰고, 신부는 시조모하고 한방 쓰고 한 달에 한 번이나 합방했다. 열여섯 명 대식구와 일 년에 열여덟 번 지내는 제사, 사랑에 묵는 손님과 과객이 늘 예닐곱이었던 시집살이는 일 구덩이 속이었다. 그래도 다정다감했던 신랑이 있어 견딜 만했고 첫아들을 얻었다. 낳은 아이와 얼마간 누울 수 있었던 게 일생 중 가장 찬란했던 며칠이었다. 시동생들에게 먼저 온 홍역이 두 돌 갓 넘긴 아이를 덮쳤다. 열여섯 식구 밥 지을 방아 거리가 급해 불덩어리를 안아보지도 못했다. 스물둘 어린 어미는 금쪽같은 아들을 잃었다. 병원은 멀고 범절은 지엄했고…. 그런 상황에 남편은 좌익 활동자로 지목되어 징역을 살았다. 8개월 만에 출옥했지만 어른들이 합방을 금해 퍼뜩 얼굴만 보고 곧장 서울로 피해서 갔다가 결국 서대문형무소에 갇히게 되었다. 이어 전쟁이 터졌고 인민군이 내려왔고 형무소를 나와 인민군에 합류했다가 북으로 함께 흘러갔다. 기질 곱고 인정 많은 유일재 14대 종손, 그는 평생 집에 돌아오지 못하고 그의 아내 김후웅을 평생 과부 아닌 과부로 살게 했다. 10년이 지나고 40년, 50년이 넘어 지났다. 자식도 남편도 없이 99세까지 장수하신 시어른을 극진히 수발하며 살아왔다. 그 어른도 큰아들을 기다리느라 목숨을 놓을 수가 없었던 모양이다. 전쟁이 갈라놓은 부부의 인연이었다. 20대의 두 젊은이가 54년 만에 70대 노인이 되어 금강산에서 상봉했다.

나는 당신과 작별하고 집에 돌아와 밤이나 낮이나 항상 당신이 그리워 이 마음 걷잡을 수 없어 –세월은 흘러 어언 54년 만에 만나니 반갑고 기쁨보다 젊은 당신이 백발의 할머니가 되어 내 앞에 나타났으니– 너무나 억장이 막혀 속눈물 얼마나 흘렸는지. 내가 말주변이 없다 보니 당신이 만족할 수 있는 위로의 말도 시원히 하지 못했소. 당신이 걸어온 인생행로를 생각하면 그저 불쌍한 생각뿐. 봉건이 지배하는 가문이라 재가라고 했다면 내 이다지 마음이 쓰리고 아프지 않았을 것을. 생각하면 눈물이 하염없이 흐르고 또 흘러 이 순간에도 마음을 진정할 수가 없어요. 종갓집 맏며느리로서 시부모 모시고 궂은일 마른일 풍산 고초 다 겪으며 살려니 내라도 옆에 함께 있으면 속풀이라도 하고 부부생활 따뜻하고 다정한 위로의 말이라도 해주련만. 지금도 그 넓은 집에 혼자서 고독하게 지내는 당신이 식사나 제대로 하시는지. 앓지나 않는지. 그 짧은 상봉의 시간에도 이 못난 남편을 위해 무엇이라고 먹이고 싶고 더 주고 싶어 하는 당신의 그 아름답고 고마운 마음을 내 어찌 모르겠소. 그리고 당신도 감정을 가진 사람인데 왜 만나는 순간과 작별의 순간 눈물이 나오지 않았겠고. 나는 알고 있어요. 내가 눈물을 흘리면 내 남편이 돌아가서 항상 그 관경이 삼삼히 떠올라 건강에 해로울 수 있다는 생각으로 억지로 참고 눈물을 흘리지 않었지. 정말 당신이 나를 생각하는 그 고마운 심정 무슨 말로 언제면 보답할까.

읽고 읽어도 신기한 편지. 이게 자신을 향한 남편의 편지라는 것이 믿기지 않았다. 행여 누가 볼새라 깊이 숨겼다. 혼자 사는 집, 밤이 되어 잠이 안 오면 다시 꺼내 읽는다. 자신의 맘을 알아주니 고마웠다. 북에 있건 곁에 있건 살아 있으니, 살아줘서 고마웠다.

"그래도 영감이라고… 날 이 고생을 시켜놓고도 그래도 영감이라고…."

이 편지로 평생 겪은 외로움과 고통이 훌훌 씻기는 기분이었다. 이렇게 따뜻하고 다정하게 말을 건네준 이가 평생 세상천지에 없었다. 이 책에 수록된 여덟 분의 할머니뿐이겠는가. 그 시절을 관통해 우여곡절 삼재팔난을 온몸으로 겪으신 현대사의 비극이요, 개인의 삶은 결국 국가 역사에 지배받을 수밖에 없음을 통감한다.

* 한 자리에 붙박여 살아온 이들의 집 이야기가 담긴 책《김서령의 家》

김서령 작가는 인물인터뷰를 많이 했다. 문화예술계에서 일가를 이룬 분들의 인터뷰 원고를 쓰며 사람과 집과의 관계를 유심히 관찰하였다. 몸이 정신을 담은 그릇이라면 집은 가계와 가족을 담은 그릇이다. 현대는 집을 재산 가치로 여겨 팔고 산다. 이재를 초월해 한 자리에 수십 년씩 터 잡고 살아온 이들의 집을 탐방했다. 살짝 피가 돌도록 아끼고 가꾸며 매만진 집기와 가구들, 담긴 사연들이 구구절절하고 각양의 집들이 담고 있는 이야기가 풍성한 책이었다.

중국의 유명한 정원사 곽탁타는 "나무를 잘 기르려면 그 천성을 잘 따르고 본성을 잘 발휘하도록 하라고 했다. 나무의 본성으로 뿌리는 뻗어 나가기를 바라고, 북돋움은 고르기를 바라며, 흙은 본래의 것이기를 바라고, 흙을 다짐에는 빈틈이 없기를 바란다. 그렇게 하고 난 뒤에는 건드리지도 말고 걱정하지도 말고 버려두고 다시는 돌아보지 말아야 한다. 처음에 심을 때는 자식을 돌보듯 해야 하지만 심고 난 후에는 내버리듯이 한다. 그렇게 하면 천성이 온전해지고 그 본성을 얻게 된다." '무심하라' 는 교훈이 다소 의아하기는 하다.

나주 '죽설헌' 나무 돌보미 박태후 씨는 20대에 정원사로 직장생활을 시작했다. 차츰 땅을 마련하여 나무를 심기 시작한 지 30년이 넘었다. 3,000여 평에는 온갖 나무가 즐비한 나무박물관이 되었다. 긴 세월은 그를 나무 박사 나무 아버지로, 어린나무는 숲으로 변하는 시간이었다. 그의 집 '죽설헌'을 통해 소박한 밥상 조화로운 삶을 영위했던 스콧니어링과 헬렌니어링 부부가 연상되었다.

이렇듯 각양의 삶을 담은 22개의 집 이야기는 우리 삶의 축소판이었다. 인생을 영위하는데 정답이 있을 수는 없다. 각기 형편과 처지가 다르므로. 다만 주어진 환경에 최선을 다하는 모습이 정답일 것이다. 댕댕이 소쿠리가 우편함이 되고 검정 고무신에 채송화를 심는 마음. 깨진 기왓장 위에, 이끼 낀 돌 틈에, 거실 탁자 위에, 집 곳곳에 다투어 피어나 어둑신한 토담집을 환히 밝히는 꽃들. 셀 수 없이 많은 집과 사람 속에서 우리는 모두 자신만의 집을 꿈꾼다. 가족의 숨결이 고스란히 쌓인 집, 함께 한 시간의 층과 켜가 고스란히 축적된 가족 특유의 공간, 도심 속 그들만의 안식처 말이다.

*** 조선 엄마의 레시피가 담긴 책《외로운 사람끼리 배추적을 먹었다》**

안동지역 양반가의 사랑채 역사와 내실 풍속, 그중에서 음식에 관한 한 속속들이 손에 잡힐 듯 묘사가 탁월하다. 임하의 종가댁인 그녀의 집엔 사랑어른이 부재중이셨다. 할배는 서른일곱에 요절하셨고, 종가댁 첫 자식이 딸이어서였을까? 아버지는 돌 지나고 둘러보니 이미 네온사인 번쩍이는 도회지로 나가계셨다. 집엔 제사 때나 잠깐 들리실 뿐. 위패 앞에 초헌과 아헌과 종헌을 혼자서 우아하게 올리시곤 날 밝자마자 얼른 도회지로 돌아가셨다. 머리에 검댕이 묻은 헌 수건을 쓴 촌사람인 엄마와 머리에 포마드가 반짝이는 도회지 사람인 아버지는 잘 어울려 보이지 않았다. 사랑채는 늘 정갈하나 괴괴하게 비어 있었고 안채엔 할매와 엄마와 그녀가 살았다. 그런 가족 구조에서 혼자인 할매와 엄마를 위로할 겸, 사랑이 빈집의 자유를 만끽할 겸 처녀들과 혼자 된 할매들은 밤마다 마실을 온다. “잠이 안 와서! 달이 밝아서! 입이 궁금해서! 뒷산 부엉이가 하도 울어싸서!” 안채에 둘러앉은 이들은 처녀들 빼고는 모두 외로움에 사무친 이들이다. 사무침은 아픔이다. 사무침은 사람을 의연하게 만든다. 생속이란 아픔에 대한 내성이 부족하다는 뜻. 외로운 이들의 속은 썩었다. 썩은 속들이다. 속이 썩어야 세상에 관대해질 수 있다. 산다는 건 결국 속이 썩는 것이고 얼마간 세상을 살고 난 후에 저절로 속이 썩어 내성이 생기면서 의젓해지는 법이다. 조금씩 속이 썩은 사람들끼리 둘러앉아 먹는 것이 배추적이다.

책을 읽다 보면 일독 후 돌아보지 않기도 하고 거듭 뒤돌아보는 책도 있다. 글은 그 사람의 인격이고 삶이다. 그녀의 글에서는 그렁어룽진 눈물이 보였고 살가움도 느껴졌다. 국문학도다운 엄청난 독서벽도 간파되었다. 그럼에도 과시하지 않고 현학적이지 않은 선천적인 선량함에 꼼짝 못 하겠다. 놀랍게도 안동 인근 유안진 시인과 동향, 안동군 임하면이 고향이다. 물자가 빈한한 내륙인 임하! 산골 지역의 푼푼한 정감과 투박하고 정겨운 사투리가 글 곳곳에 보석처럼 박혀있어 이채로웠다. 신선했다. 생경한 문장이라곤 찾아볼 수 없었다. 단문의 글맛은 산문시에 가까웠다. 음률이 딱딱 맞아 따라가다 보면 절로 입이 벙글고 감탄이 흘러나왔다. 책 읽기보다 더 재미난 놀이가 있을까.

김서령의 저서 중 미뤄두고 사지 못한 네댓 권을 검색하던 중 그녀가 2018년 10월 암 투병 중 임종했다는 소식을 접했다. 청천벽력이었다. 1937년 김기림이 썼던 〈이상의 추도문〉을 옮겨 적는다.

> 상은 필시 죽음에게 진 것은 아니리라. 상은 제 육체의 마지막 조각까지라도 손수 갈아서 없애고 사라진 것이리라. 상은 오늘의 환경과 종족과 무지 속에 두기에는 너무나 아까운 천재였다. 상은 한 번도 잉크로 시를 쓴 일은 없다. 상의 시에는 언제든지 상의 피가 임리淋漓하다. 그는 스스로 제 혈관을 짜서 '시대의 혈서'를 쓴 것이다. 그는 현대라는 커다란 파선에서 떨어져 표랑하던 너무나 처참한 선체 조각이었다.

나는 '상' 대신 '서령'이라고 쓴다. 무딘 감성을 일깨우고 정서의 결을 풍요롭게 확장시켜 준 눈부신 그녀! 그녀의 글은 단 한 문장도 허술하지 않았다. 묘사는 통째로 외우고 싶을 지경이었다. 골라 앉힌 낱말은 앞가슴에 매달고 싶도록 아름다웠다. 실핏줄처럼 뻗어나간 감정의 결이 그대로 짐작되는 글. 행간에 물기가 촉촉이 어리는 글. 비유와 일깨움이 연잎 위 이슬방울처럼 영롱하다. 그런 글이 페이지를 넘길 때마다 끝도 없다. 아, 한숨이 나온다.

책을 베고 잠들다

푸진 서설, 설을 며칠 앞두고 벚꽃만한 솜눈이 온다. 눈 내리는 정경을 흐뭇이 내다본다. 세상살이의 온갖 소음은 다 어디로 갔을까? 천지간에 소리란 소리는 모두 눈 속에 잦아들었나보다. 진공 같은 세상에 눈과 나만 대면하고 있는 듯하다. 겨울과 봄이 엇갈리는 2월, 삭막한 겨울 겻들 보내니 여린 생명의 곰틀거림이 느껴진다. 새봄이 애틋하다. 북을 준 소나무 아래에는 히아신스 꽃송아리가 춘설을 무색케 한다. 꽃바람 속에 생명을 키워 온 눈아嫩芽. 저나 나나 살아있음이 눈물겹다. 침잠으로 견디어 낸 겨울, 겨울잠

자듯 장승욱의 책 여러 권이 겨울먹이가 되어줬다. 그는 애초에 땅불쑥하니 남달랐다. 우연히 그의 짧은 시詩 한 편이 내 시선을 영락없이 잡아챘다.

사전만 쉰 세 권
할 말 없다
할 줄 아는 말 물론 없다 —〈이사할 때 보니〉

배달된 책을 읽으며 그의 독서 벽癖을 꿰뚫었다. 쉰 세 권의 사전은 그저 책장을 채운 장식용이 아니었음을. 사전마다 확실히 낱낱이 독파하고 많은 글과 신문기사도 썼으리라. 지독한 우리말 사랑과 풍부한 어휘 구사 능력에도 불구하고 '할 줄 아는 말', '할말'에 너무나 신중했다. 신문사와 방송국에서 일하며 시와 소설을 썼고, 세계 40여 나라를 여행했으며 9권의 책을 출간했다. 가능한 토박이말로 한 200권쯤 책을 쓰고 세계 100개 나라를 여행하고 싶다던 그는 허망도 하게 떠났다. 그의 꿈을 반도 이루지 못하고 어처구니없이. 겨우내 읽은 그의 책 여섯 권을 곱씹으며 감상을 적는다.

* 치열했던 젊은 날의 연대기 《술통》

첫밭에 알아봤다. 444쪽의 두꺼운 책이 맘에 들었다. 모국어를 참 아름답게 다루고 쓸 줄 아는 그를 무조건 존경하게 됐다. 이 책 '술통'은 아름답고 순수했던 시절의 기록이다. 가장 치열하게 산 젊은 날의 연대기였다. 나는 장승욱 작가를 통해 '서음'(書淫 글 읽기를 지나치게 즐기는 일, 그런 사람) 이라는 낱말을 알았고 그를 부러워했으며 그처럼 되고 싶은 간절함이 생겼다. 조선시대 간서치(看書癡 책만 보는 바보) 호를 가진 이덕무가 연상되었다. 둘은 책을 지나치게 좋아하는 사람이다.

그에게는 대별되는 두 뭉텅이의 시기가 있었다. 이름 하여 '종로서적 시절'과 '도립도서관 시절' 이다. 신경숙 소설가가 산업체 고등학교 졸업 후 대학 입학을 하기 전 몇 달 동안 방에 틀어박혀 오빠가 사준 '한국문학전집 100권'을 읽은 것이 그의 문학세계에 좋은 밑거름이 되었음을 토로했듯이, 같은 맥락이다.

> 고등학교 때의 몇 계절을 나는 종로서적에서 지나 보냈다. 수업이 끝난 뒤 가방을 옆구리에 끼고 그곳에 가서 선 채로 수 백 권의 소설과 그보다 훨씬 많은 시집을 읽었다. 밤에 잠을 이룰 수가 없었던 것은 가슴 속에 무엇인지 정체를 알 수 없는 열기가 치받쳐 올라 잠자리에 가만히 누워 있을 수가 없었다. 그럴 때면 나는 미친 듯이 학교 운동장

으로 달려가곤 했다. 두 세 시간 아무도 없는 심야의 운동장을 뺑뺑이 돌고 나서야 겨우 그 이상한 열기가 가라앉아 지친 몸으로 쓰러져 잠들 수가 있었다. 나를 사로잡았던 그 열기는 도대체 무엇이었을까. 슬픔이었을까.

군에서 제대하고 난 뒤 복학하기까지의 몇 달, 낮에는 경기도립도서관에서 시와 소설대신 학學자가 들어간 책을 많이 골랐다. 동물학에서 독물학毒物學, 생물학, 색채학에서 보석학에 이르기까지 매혹적이면서도 쓸데없는 지식들을 머릿속으로 함부로 흘려 넣었다. 내가 되잖은 글이나마 몇 줄 끼적거리며 그런대로 먹물 행세를 할 수 있는 것은 전적으로 종로서적 시절과 도립도서관 시절이 있었기 때문이다.

술통이란 책 제목이 암시하듯 그는 지독한 애주가였다. 그럼에도 술로 인해 타인에게 피해를 주거나 눈살 찌푸리게 하는 술버릇은 없었단다. "언제나 겸손한 자세로 술을 마시고 그 술을 나누는 사람들을 존중하며 술이 존재하는 이 세상에 대해 감사하는 마음을 지니고 있었다." 고 지인은 회고한다. 그의 글에서는 엄청난 독서고庫를 통해 지식과 상식의 곳간이 무한량이었음이 감지됐다. 독자의 한사람으로 아름다운 글이 주는 읽을거리에 겨를 없이 매료되었다.

* 첫 시집 《중국산 우울가방》

좋아하는 두 사람을 들면 시인 김춘수, 소설가 무라카미 하루키라 했다. 팔순의 노시인을 인터뷰한 적이 있었는데 '왜 시를 쓰는가?'는 질문에 시인의 "슬픔의 정체를 확인하기 위해서 시를 쓴다."는 대답을 듣고 곱다시 자신에게 물어보니, "저도 슬픔의 정체를 확인하기 위해서 술을 마신다." 는 답을 얻었단다. '술통'이라는 책을 낼 정도로 남다른 이력을 가진 제대로 술을 즐긴 사람이다. 시집을 읽으며 내재된 비감悲感과 지적 고뇌를 느꼈다.

~ ~ 손바닥에 굳은살이 박이도록 / 무거운 가방을 들고
언제부턴가 / 우울로 가득 찬, 견딜 수 없는
삶을 통째로 쓸어 넣은 / 이 검은 통가죽 가방

— 〈우울 가방〉

사막을 걸어갔다 / 길이 보이지 않았다
모래알처럼 수많은 생각 끝에 / 저 무수한 모래알들 그 중의 하나 / 내 인생을 사랑하기로 했다
그제서야 길이 보이기 시작했다 / 사막에도 길이 있었던 것이다.
사막에 기대지 말 것, / 사막에서 배웠다
아물지 않는 상처란 없는 것이다 — 〈걸어서 사막을 건너다〉

직장일 하며 10년 동안 단 한 편의 시도 쓸 수 없었단다. 직장생활 10년 만에 얻은 연수기회, 우루무치의 천지를 지나 천산산맥과 타클라마칸 사막을 건너 둔황의 막고굴, 투르판의 화염산등 여행을 하면서 하룻밤에도 여러 편의 시를 완성할 정도로 의욕적으로 작품을 써서 발간한 시집이다.

*** 우리 토박이말을 찾아 분류한 책 《재미나는 우리말 도사리》**

> 도사리라는 말이 있다. 익는 도중에 바람이나 병 때문에 나무에서 떨어진 열매를 도사리라고 한다. 한자말로는 낙과落果라고 한다. 이 책을 내면서 도사리를 한 광주리 모아 팔겠다고 시장 귀퉁이에 나앉아 있는 촌부村婦의 심정이 된다. 그러나 이 도사리들이 누군가에게는 반짝이는 보석이 될 수 있지 않을까. 그랬으면 좋겠다. 도사리, 감또개, 똘기, 이런 작고 예쁜 것들의 이름을 누가 불러 주었으면 좋겠다. 새벽 과수원에 나가 도사리 줍는 마음으로 쓴 글들을 이름 모를 그대들에게 바친다.

시인이자 어휘분류전문가인 그는 대학 졸업 때 논문 대신 '국어사전'을 만들어 냈단다. 소박한 말들로 할 말을 다할 수 있음을 그는 말한다. 나는 요즘 아침에 출근하면 이 책 몇 쪽을 읽는다. 아니 시간 닿는 대로 책을 펼친다. 토박이말을 분류해서 정리한 책이다. 참 힘든 작업을 끈기 있게 해 냈구나 싶다. 생활 속에 깃든 말의 쓰임새, 자연과 세상 속에서 우리가 쓰는 언어의 어원과 활용도에 관한 책이다.

*** 해학 넘치는 말잔치 책 《경마장에 없는 말들》**

말놀이 책이다. 말에 대한 억지 해석이 아니라 기발한 해석이 돋보인다. 기이한 설명이 재미있고 경쾌하며 해학 넘치는 말잔치 책이다.

〈무덤〉

무(無)에서 덤으로 붙은 것. 사람은 없음(無)에서 태어나 죽음으로써 다시, 없음(無)으로 돌아간다.

결국 삶이란 없음에서 없음으로 가는 통로일진대 없음인 죽음을 담는 무덤이야말로 덤에 지나지 않는다.

〈샘〉

'질투(샘)는 나의 힘'이라고 기형도는 썼다. 샘은 말 그대로 샘, 우리 삶의 원천인 것이다. 우리를 밀어 어딘가에 다다르게 하는 힘이 솟아나는 샘. 그것이 샘이다.

〈생각〉

삶(生)에 돋아 있는 뿔(角). 삶의 무기. 삶이 삶이게 하는 무기. 장식용이 아니라 언제나 새로운 피를 묻혀야 하는, 혼자서 가는 무소의 뿔. 고독의 엔진을 달고 가는 항해.

〈술비〉

일찍이 조정권 시인은 비를 바라보는 마음의 형태를 일곱 가지로 나눈 바 있지만, 술꾼들에게 비를 바라보는 마음이란 둘일 수가 없다. 비 내리는 날 술꾼이 술을 마시는 것과 빗방울이 하늘로 올라가지 않고 땅으로 떨어지는 이치와 다를 것이 없다. 술꾼들은 자기의 살과 피 속에 살고 있는 슬픔의 아이들을 불러내는 비의 호명에 귀기울이면서 더 큰 슬픔에 몸을 맡기는 것이다. 모든 비는 똑같다. 술비인 것이다.

글을 읽다보면 어느덧 그의 지론에 동조하며 빠져든다. 말의 유희, 유추와 상상력의 극치를 보여주는 듯하다. 적절한 비유로 풀어내는 말놀이에 영락없이 옭혀 기껍게 수긍한다.

*** 지인들이 출간해 준 유고시집 《장승욱 시》**

유고 시집이다. 오랜 기간 인연을 함께한 이들이 마음모아 출간한 시집. 그의 입원 소식에 문병을 갔더니 병상에서 쓴 시들을 보여주면서, 퇴원하면 "시들을 묶어 시집을 낼까 한다." 고 했는데 그게 마지막이 됐고 그 마지막 인연으로 인해 유고시집 편집을 자처했단다. 최병헌님은 "고등학교 시절부터 철모르고 혼자 시를 쓴답시고 깝죽거리던 무렵에 처음으로 쓴맛을 보여준 이는 안도현 시인이었다. 그 직후 교지에서 만난 장승욱의 시에 연타를 맞고 안도현 말고 똑같은 천재가 같은 학교, 내 곁에 있었구나 하고 그에 대한 경외감으로 제1의 독자를 자처했다."고. 감동적인 시 〈이사할 때 보니〉가 수록되어 있는 시집이다.

* 토박이말의 참맛을 일깨우는 책 《국어사전을 베고 잠들다》

사전읽기는 지루하고 건조하며 단정적인 정의가 때로는 책 읽기의 즐거움을 감소시킨다. 그럼에도 불구하고 토박이말의 참맛을 일깨우는 게 이 책이었다. 움직씨(동사), 그림씨(형용사), 어찌씨(부사)의 숱한 말들과 여린말, 보통말, 센말, 거센말, 큰말, 작은말 등 가지에 가지를 친 여러 말들의 미세하고 미묘한 차이를, 지루하지 않게 풀어쓰려고 애쓴 노력이 엿보였다. 이 책의 집필 과정이 퍽 감동을 주었다. 작업실의 방 안 가득 대여섯 가지의 사전을 펼쳐 놓고 확인에 확인을 거듭해 잘못 소개되는 부분이 없도록 최선을 다했단다. 책을 쓰는 내내 베개 대신 사전을 베고 잠들었다니…. 간과할 리 없이 나도 곧장 흉내를 냈다. 책을 펼쳐 읽고 책을 베고 잠을 자며 그의 마음과 정신이 오롯이 내게 전이轉移 되었으면 했다. 그의 지나친 서음書淫도 모방하고 싶었다.

그는 "우리말을 너무나 사랑하기 때문에" 대학 입학 때 1지망에서 3지망까지 모두 국문과 하나로 적었단다. 내재된 신명과 떨림을 글발의 장중함으로, 문체의 유장함으로, 문장의 적확함으로 지나치게 아름답게 풀어낸 분. 아무리 톺아봐도 우리말에 대한 더 좋은 책을 만날 수 없을 것 같다. 못다 이룬 그분의 꿈이 몹시 애석하다.

한 아름다운 삶을 보았네

토요일, 에스프레소 커피를 내리 두 잔 내렸다. 포트에서 추출되며 내는 '꼬르륵 꼬르륵' 신호음은 소리조차 맛있다. 이보다 더 만족스러운 공간이 있을까. 모카 2인용 포트 '비알레띠'를 선물 받았다. 커피 좋아하는 외숙모를 위해 이탈리아에서 사 왔다는 조카의 마음씀씀이가 고마웠다. 아라비카 원두인 '라바짜' 황금색 커피 두 봉도 함께. 오늘 모악산은 남편 홀로 산행을 할 것이다. 쉬는 날 에스프레소를 즐기며 책 읽을 수 있음이 세상 큰 행복이다. 오늘은 산행보다도 이형숙 수필가의 따끈따끈한 새책, 《노래하는 시인들》을 읽을 요량이다. 경기전 홍매는 시절을 기다리고 있는데, 책 표지의 난분분한 붉은 꽃잎이 홍매를 연상시킨다.

대여섯 해 전쯤, 남원에서 전주까지 수필공부를 하러 오는 문우를 알게 되었다. 직장인이 대부분인 야간반 수업을 위해 먼 길을 마다치 않고 꼬박꼬박 출석하는 열의가 놀라웠다. 진득하지 못하고 시낭송을 한다, 다도 공부에, 홈패션을 배운다며 들락날락하는 나와는 대조적이었다. 끈기 있게 글공부하고 꾸준히 글쓰기를 이어와 드디어 첫 결실을 본 것이다. 긴 시간 일관되게 해 온 작업이 짐작되기에 그의 노고에 큰 박수를 보낸다. 작가가 수년간 공들인 작품을 며칠 걸려 곱씹으며 읽는 게 아니라, 하루 만에 수월하게 읽는 일이 마땅한가 싶다. 그러나 멋지게 보이려 꾸미지 않고 억지로 꿰맞춰 쓴 글이 아닌, 읽는 이의 호흡과 같은 흐름이라 편안했다. 타인을 위해 봉사하고 나누는 삶이 가치 있고 아름답게 느껴졌다. 가족 이기주의에 매어 편협하고 봉사할 줄 모르는 남루한 내 현재를 확인했다.

생물학자이며 국립생태원장인 최재천 박사의 책 《생명이 있는 것은 다 아름답다》를 읽고 쓴 〈노래하는 시인들〉은 크게 와닿았다. 나도 박사님의 위 책을 비롯해 네댓 권을 더 샀다. 수필이 어떤 사실을 전하는 일에만 급급하다면 공감을 얻을 수 없으리라. 근간이 되는 정신이 바탕에 내재하여 있을 때 독자의 공감을 얻을 수 있을 터. 이

영숙 수필가의 동물과 자연에 대한 깊은 관심과 사랑을 알아차릴 수 있었다.

> 몇몇 동물들에 대한 것들을 기억나는 대로 적어본다. 봄이 되어서 해가 길어지기 시작하면 저마다 목청을 가다듬고 슬픈 세레나데를 부르는 수놈 새들은 대개 이른 아침 고요한 산속에서 시를 읊는다. 하나 같이 운율과 글자 수가 일정한 정형시를 쓰는 서정 시인이라고 한다. 아름다운 목소리로 운율을 맞추어 노래하는 새들의 시! 가던 길 멈추고 귀 기울이는 청중들은 아름다운 그들의 시낭송 소리에 감동하고 더없이 행복한 아침을 맞는다. 왕귀뚜라미 소리는 꾀꼬리 노랫소리를 빰친다. '호르르르륵 호 호 호' 하고 읊어대는 화려한 시 낭송회, 7년이 넘는 세월을 땅속에서 굼벵이 모습으로 보낸 노래하는 매미들의 통곡, 개구리와 맹꽁이의 시끌벅적한 시 낭송회, 여치와 베짱이의 날개 가장자리를 긁어대는 가슴 찡한 서정시의 노래 등.
>
> — 〈노래하는 시인들〉

박사님은 시詩에 대한 정의를, "자기의 정신생활이나 자연의 어떤 현상들을 보고 느낀 감동이나 생각을 운율을 지닌 간결한 언어로 나타낸 문학의 형태"라고 피력했다. '이 세상 동물들은 다 시인'이라든가, 그 시어를 알아듣기 위해 끊임없이 연구하고 동물을 사랑하는 일은 숙연해지게 한다. 무더위에 소나기처럼 쏟아지는 말매미의 처절한 울음을 나는 무심하게 '소음'이라 표현하곤 했다. 짧은 생애를 불사르는 매미의 시낭송이었음을 깨닫는다.

천주교 신자인 이형숙 수필가는 천주교회에 입교한 신입 할머니에게 '교우의 의무와 기도하는 법을 가르쳐 주러 방문'하라는 교회의 명을 받았다. 할머니를 방문해, 입교 동기를 여쭈니 "우리 영감 좋은 데 가라고 열심히 기도하고 싶어요." 하신다. 할머니는, 30년 전 집 짓는 목수였던 남편이 다른 여자와 살림을 차려 집을 나간 후, 30년이나 대문을 열어 놓고 남편을 기다렸단다. 그토록 기다리던 남편은 2년 전 병든 몸을 이끌고 돌아왔고, 할머니의 지극한 보살핌을 받다가 두 달 전에 사망했다. 원수 같았던 그 남편의 극락왕생을 기도하고 싶어 입교했다니 도저히 공감할 수 없는 할머니의 마음임을. 그러나 만남이 거듭되는 동안 할머니의 배우자 사랑법에 큰 깨달음을 얻었단다. 용서는 사랑의 다른 표현임을 알았고 할머니를 통해 오히려 큰 가르침을 받았다고 한다.

> "영감 좋은 데로 가면 더 바랄 게 없어. 기도 더 많이 가르쳐 줘." 이 세상 떠나 보낸 그 영혼의 편안함까지도 기도하는 끝없는 사랑이었다. 아, 하느님은 이분을 통해서 나를 가르치고자 하심이었다. 용서와 끝없는 기다림으로 승화된 부부의 사랑을! 배우자란 하느님이 주신 가장 귀한 선물이라 여기며 세상 끝나는 날까지 서로 믿고 의지하며 살아가야 할, 단 한 사람 동반자라는 믿음이다. — 〈끝없는 사랑〉

낡고 허름한 한옥, 철 지난 옷을 걸친 팔순의 할머니. 곤궁한 삶을 바라보는 애잔한 눈빛이 그려진다. 구불구불 밭두렁을 지나 간식으로 준비해 간 빵과 우유를 손에 들려 드리는 마음이 따뜻하다. 수필만큼 작가의 삶이 적나라하게 드러나는 문학 장르가 있을까. 작은 나눔과 봉사가 되레 큰 감동을 불러일으킨다.

고부간의 갈등이 아들은 물론 친척들과 가족관계까지 악화시키는 사회 현상을 볼 때, 며느리가 아직 없는 나는 단단한 마음공부가 필요하리라 싶다. 그러나 염려할 필요 없이 이 글 그대로 따라 하면 문제없을 것 같다. 아들은 '손님', 며느리는 '귀한 손님'이라는 마음이라면 무어 문제 될 게 있을까. 신선한 충격이었고 생각할수록 현명한 처세라 싶다. 품 안에 자식이라는 말처럼 아들은 결혼하면 '손님' 반열이란다. 하나뿐인 며느리가 집안 행사에 빠지지 않고 찾아올 때마다 차례상 준비보다 손님 맞을 준비에 마음이 바빠진단다. 집 안팎 청소와 이부자리 준비, 들려 보낼 음식과 여비 봉투, 더불어 기도하는 마음마저 준비하는 시어머니.

> 말을 아끼고 조심하게 도와주소서. 귀한 손님에게 말실수해서 마음 다치지 않게 내 입을 지켜주소서.
>
> 며느리의 남자가 된 아들도, 아들의 여자인 며느리도 다 귀한 손님

이다. 며느리를 생각할 때마다 나를 돌아보며 묻는다. 귀한 손님에게 대접받기를 원하는가? 아들에게 계속 엄마 노릇을 하고 싶어 하는가?

며느리를 독립된 여자로 인정하고 존중하는가? 손자에게 갖는 애정과 관심을 자칫 사생활 침해로 받아들일 수 있음을 알고 있는가? 정신적, 물질적 노후 대책은 되어 있는가? — 〈귀한 손님〉

격조 있는 수필은 삶의 지혜가 스며있다. 그것은 단아하고 무리가 없으며 질박質朴하고 삶에 대한 긍정적 의미와 에너지가 서려 있다. 이토록 지혜로운 시어머니를 어디서 또 만날까. 단언컨대 이 세상 다시없는 현명한 시어머니상이다. 후일 나의 귀한 손님을 상상하며 완벽하게 암기할 대목이려니 싶다.

글을 쓴다는 일이 곧 자기에게 주어진 삶을 영위하는 일과 다름없을 것이다. 성실하게 자신의 삶에 최선을 다하는 마음에는 타인을 의식한 허위나 과장을 찾아보기 힘들 터, 〈소년과 홍시〉는 신앙심과 모성애를 통한 인간애의 극치를 보여줬다. 글은 그 작가의 삶에 대한 해석이고 소망이며 견해다. 말기 암 환자들을 찾아가 기도하는 봉사자로 활동한, 후두암 환자 열다섯 살 소년의 이야기다. 생사를 넘나드는 몸부림과 힘든 통증으로 인해 내뱉는 신음은 환자는 물론 봉사자에게 고문처럼 고통스러웠을 것이다. 깊은 신앙심과 모성애 없이는 감내하기 어려울 봉사. 일주일에 한 번 목욕하는 날이면 숨넘어갈 듯 소리를 질러대는 소년을 보고 어느 날 귀에 대고 "뭘 먹고 싶어?" 물어보니 "감! 감!"해서, 목욕을 시키는 날 집 냉동실에서 홍시를 가져갔단다. 소년이 온 얼굴을 홍시에 파묻고 있는 동안 수월하게 목욕을 시켰다는 내용이다. 얼굴과 들먹거리는 가슴 앞자락이 온통 홍시로 범벅된 소년을 안쓰럽게 지켜보는 필자를 그려보았다. 목숨의 끄트머리를 잡고 눈물겹게 연명하는 소년을 보며 느꼈을 안타까움이 짐작됐다. 찬비 내리는 날 병실을 찾았더니 아이는 없고 침대가 깨끗이 치워져 있어서 예견은 했지만, 아이의 부재가 슬픔 가운데 일면, 지긋지긋한 고통에서 해방되었음을 안도하며 그 영혼을 위한 기도를 올릴 수 있었다. 이 글을 읽는 내내 콧날이 시큰하고 내 눈시울이 뜨거워 왔다.

누구에게나 찾아오는 마지막 순간, 피해갈 수 없는 그때가 자연과 하나 되는 것일 뿐이라는 법정 스님의 말씀을 곰곰 되새겨 본다. 그 아이는 자신의 고통과 죽음을 통해 내 남은 삶의 방향을 환히 보여주는 나침반과도 같다. 그 아이가 생각날 때마다 부디 까치가 되었기를 빌었다. 높은 하늘을 훨훨 나르다가 나뭇가지에 앉아 좋아하는 홍시를 먹었으면 하는 마음이다. 올해도 과일 가게 앞을 그냥 지나치지 못하고, 감 한 상자를 샀다. 눈 내리는 겨울밤 홍시를 꺼내 먹을 때마

> 다 나는 그 아이가 생각날 것이다. 달콤한 홍시 하나에 온 세상을 얻은 것처럼 행복해하던 그 아이가…. — 〈소년과 홍시〉

엄마에 대한 단상을 산문시로 쓴, 〈내 사랑 김 여사〉
지난 시절을 다양한 색채로 읊은, 〈추억은 저마다의 색깔로〉
담 넘은 호박 넝쿨로 전개된 이웃과 훈훈한 정을 그린, 〈호박〉
끽다거喫茶去와 세한도歲寒圖가 걸린 친구의 갤러리, 〈갤러리禪〉
한글의 우수함과 그에 대해 자부심을 역설한, 〈키릴문자와 바벨탑〉
세계 문자 올림픽 금메달을 수상한 한글 이야기, 〈잠 타령 비 타령〉
국내와 해외를 넘나들며 쓴 곳곳의 여행기 등 다양하게 수록된 수필을 읽으며 수필집 한 권이 주는 푸근한 포만감을 만끽했다.

꽃이 저마다 빛깔과 향기가 다르듯 우리는 저저마다 각자의 길을 간다. 화가는 그림으로, 음악인은 음악으로, 작가는 글을 통해 말하면 된다. 작가는 작품으로 말한다. 자랑해도 좋을 만큼 자녀 셋 모두 명문대를 졸업시켰고, 이 나라의 동량지재棟梁之材로 키웠음에도 내색 한 번 하지 않는 담담한 덕망이 새삼스럽다. 이형숙 수필가는 편하게 누리며 살아도 좋을 시절임에도 따뜻한 연민의 정으로 베푸는 삶을 살고 있다. 남편으로부터 받은 '최고의 여인'이라는 칭송이라든가, 자녀들의 '엄지 척'은 공연한 칭찬이 아니다. 이 휴일 하루, 난 아름다운 인생을 읽었다. '말보다 글로 먼저 써 내려가는 습관'을 살려 멀지 않은 날 선보일 또 다른 수필집을 기대해 본다.

6

덧붙이는 글

◆수필집 발간을 축하하는 의미로 두 분이 참여해 주었습니다.

· 이은경 님은 필자(이해숙)의 동생입니다.
안동 청년유도회青年儒道會에서 10년 넘게 사서四書 공부를 하며
지역의 문풍 확산을 위해 활동하고 있습니다.

· 최정현 님은 필자(이해숙)의 아들입니다.

내 人生의 절친

이 은 경 안동 청년유도회 시민아카데미 총무
한국국학진흥원 아카이브 구축사업팀

빈 나뭇가지에 황량한 바람이 불어치던 겨울, 산 중턱의 우리 집은 찬바람에 어디 몸 하나 숨길 곳이 없었다. 시끌벅적 6남매는 복닥복닥 부대끼며 살았다. 유난스럽고 별날 정도로 향학열이 대단하였던 큰언니(수필가, 시낭송가)가 고등학교를 다니던 때였다. 나와는 일곱 살 차이가 나니 어림잡아 나의 초등학교 3~4학년 때쯤이겠다.

내남 구분 없이 어렵게 살던 그때, 호사스러운 수세식 화장실은 구경도 할 수 없었던 그 시절 화장실을 한 번씩 출입하는 것은 여간

곤욕스러운 일이 아니었다. 여느 날과 마찬가지로 창문 없는 창으로 찬바람이 휑휑 들락이는 재래식 화장실에 들어가 앉았는데 나의 눈높이에 맞게 적힌 한자漢字와 음과 훈이 빼곡히 적혀 있는 종이가 붙어있었다. 쓰다 남은 공책의 뒷부분이었다. 그 옆에는 이면지를 압핀으로 고정시키고 끈에다 볼펜까지 대롱대롱 매달아 놓았다. '뭐 하자는 거지?'(어안이 벙벙했다. 냄새나는 화장실에 한자는 뭐고 볼펜은 또 뭔가) 동생들에게 볼일 보는 시간도 아껴 한자 공부를 하게 하고픈 큰언니의 생각이 깔려 있었던 것이다.

날일 日, 달월 月, 한일 一, 두이 二. 나의 첫 한자 공부는 그렇게 시작되었다. 잊을 수 없는(?) 공간에서 그림 같은 글자로 처음 만나게 된 한자는 그 이후 내 성장기의 동반자 같은 느낌이 들 정도 나의 최애의 분야가 되었다. 중·고 학창 시절에 신학기 새 책과 공책을 받으면 책 표지와 공책 앞에는 무조건 과목이나 학교 이름 반 번호 등을 한자로 적고, 학교에서 짧은 여유시간이 허락될 땐 늘 사자성어를 긁적거렸다. 고등학교 시절부터는 교회에 갈 때 들던 성경도 꼭 국한문 혼용 한자성경을 찾아 일부러 온데 구하러 다니곤 했다. 그 때부터였을 것이다. 언젠가는 한문학과에 진학하여 한문공부를 해야지 하는 것을 나의 작은 소망으로 품게 되었던 것이.

한자에 관한 또 하나의 기억이 있다. 1994년 쯤 다니던 직장에서 신문을 보던 중에 기사 한 줄이 나를 사로잡았다. 그것은 바로 지금도 상당히 권위 있고 어려운 시험으로 알려진 '한국어문회'에서 주관하는 '한자능력검정시험'에 대한 공고였다. 나의 기억으로는 92년도부터 서울, 경기 지역에서만 시행되던 한자능력 검정시험이 94년도부터 지방으로 확산되어 처음으로 실시하게 되었다. 우리 지역에서는 유일하게 대구에서 그것도 경북대 한문학과에서만 그 시험을 주관하였다. 기사를 보자마자 바로 학과 사무실로 전화를 해서 우편으로 원서를 받고 다시 우편으로 제출하고 토요일 근무를 마치고 경북대학교에서 실시하는 시험을 보기 위해 버스를 타고 찾아갔던 기억이 있다. 시험으로 나의 한자 실력을 테스트 해보고자 하는 것이었고 최종 2급을 합격하였다. 그 후로 결혼과 출산과 육아, 이어진 직장생활로 기회를 잡지 못하다가 오랫동안 품었던 나의 작은 소망을 이룰 기회를 스스로 잡게 되었다. 다니던 직장을 사직하고 둘째 아이를 출산한 직후 아이들이 어린 시기에 공부하는 것이 한층 더 나을 것 같다는 생각에 큰 계획을 결행했다. 2001년 3월, 33세의 늦깎이 주부대학생으로 안동대학교 한문학과에 편입학을 하게 된 것이다. 큰아이는 4살, 작은 아이는 2살, 생후 9개월 이었다.

학교에 가는 것이 휴식으로 여겨질 정도로 행복했다. 육아의 고단함과 학업의 과중함보다는 수업 시간에 강의를 듣는 기쁨이 그 모든 것을 능가했다. 주부대학생에게 주는 설렘은 그냥 날아서 강의실에 가고 싶었을 정도였으니까.

새싹이 움트는 3월 초初, 인문대에서 첫날 첫 시간의 수업 광경이 아직도 눈에 선하다. 경전선독經典選讀, 《맹자》 수업이었다. 담당교수님은 오랜 동안 시민아카데미에서 사서四書를 강의하고 계신 권진호 선생님이셨다. 선생님의 지치지 않는 열정이 존경스럽다. 선생님께서는 칠판에 한문을 한 문장 쭉 쓰셨다.

人生七十 生子 非吾子 家產 傳之 婿他人勿犯

문장에 대한 해석을 하시면서 끊어 읽기에 따라 재산이 사위의 것이 될 수 있고 되지 않을 수도 있는 것에 대해 설명해 주셨는데 맥이 탁 풀릴 정도 신기하고 흥미로운 세계로의 진입이었다. 그 이후 수업 시간에 접하게 된 《맹자》는 나에게는 놀랍게 다가온 경전이었다. 일반적으로 고리타분하다는 표현으로 알려진 사서라는 글, 그중에서 처음 만난 맹자의 내용들은 의미심장했다. 새겨야 할 것들이 너무 많았고 재밌고 흥미로운 고사도 많았다. 특히 '정치하는 분들은 이것을 꼭 읽어 보는 게 좋겠다.' 생각이 들었다. 당시 초선으로 신선하게 등장했던 MBC 아나운서 출신의 모 국회의원 사무실로 맹자 책을 보냈던 기억이 있다. 순수함을 잃지 말고 민의를 생각하는 정치인이 되시라는 뜻을 담아서. 그렇게 해서 띠 동갑 동기생들과 나름 경쟁하며 장학생으로 선발되어 한문학과 졸업에 이르렀다. 훌쩍 세월이 흘러 10여 년 후, 2014년 8월 우연한 기회에 중국 곡부 제남을 비롯한 산동성 일원을 답사하는 여정에 동참하게 되었다. 안동 청년유도회(青年儒道會)에서 주관하는 사서 시민아카데미에서 '儒學의 源流를 찾아서'라는 題下로 회장님을 비롯한 아카데미 수강생분 들과 함께 하는 답사 기행이었다.

아카데미에서 강의를 하고 계셨던 권 선생님의 수강에 대한 지속적인 독려가 있었지만 직장생활 등 사정이 여의치 않았었다. 답사기행을 계기로 2014년 9월부터 사서 아카데미 수강을 시작했다. 그때는 논어를 이미 마치고 맹자의 진심장盡心章을 공부하고 있었다. 내심 내가 좋아하는 맹자를 또 만났네 하는 반가운 마음이 있었다.

己所不欲 勿施於人(기소불욕 물시어인) 내가 하기 싫은 일은 남에게도 하게 하지 마라

恕(용서)는 推己及人(추기급인) 용서라는 것은 나의 마음을 미루어 다른 사람에게 미치는 것이다

또 《논어》 〈학이(學而)〉 편에서는

忠(충)이라는 것은 진기지위충(盡己之謂忠)이라 했으니

자신이 (큰일이든 작은 일이든) 최선(最善)을 다함을 뜻한다고 한다.

특정인만 행해야 하는 것이 忠이 아니라 그 忠은 모든 사람들이 행해야만 하는 것임을 깨닫게 되었다. 경서를 접하지 않았다면 아직도 그 眞義(진의)를 다 새길 수 없었을 것이다. 2016년부터는 선생님의 제자 된 도리(?)로 아카데미 총무의 일도 겸하게 되었다. 수업만 듣고 다닐 때는 오로지 책에 집중을 하였다면, 총무의 일을 맡고부터는 수업을 오시는 각 분야의 선생님들께도 더 관심을 가지게 되었다. 자신의 분야에서 일가를 이루시고, 각자의 스토리를 지니신 선생님들의 열정에 놀라지 않을 수 없었다.

아카데미 개강 이래로 10여 년째 월요일마다 대구에서 四時 맑은 날 궂은날을 가리지 않고 오시는 곽 선생님,

최소한 정신문화의 수도 안동의 시민이라면 이러한 강의는 꼭 들어야 한다고 하시는 자칭 타칭 안동 선비 이 선생님,

학문에 대한 열의와 더불어 문중 사랑도 대단하신 前농협지부장님,

또 옥동에서 오시는 이 선생님 내외분과 그분들이 모시고 오신 교

직에서 퇴직하신 선생님 부부,

음식점을 운영하시며 하루 쉬는 날 공부하러 오시는 정 사장님,

그 외에도 공직이나 언론계, 학계 등에 종사하시며 바쁜 중에도 열심히 수강하시는 선생님들을 한 분 한 분 뵙는 것은 학문으로 깨우치는 기쁨 이상의 감동이 늘 있다. 봄·가을 정기적인 두 번의 답사는 전국 서원과 누정을 둘러보며 지식의 폭을 넓히고 2년에 한 번 갖는 중국 현지답사를 통해 글로 배웠던 중국 유학자들의 흔적을 짚어보고 대륙의 기상과 광활한 자연의 위대함도 접해 볼 수 있으니 이보다 더 수준 높은 아카데미가 어디에 있을까. 그러나 무엇보다도 이렇게 수준 높은 아카데미가 존속이 될 수 있었던 第一의 공은 권 선생님(現 한국국학진흥원 국학기반본부장)이시다.

13년째 《논어》·《맹자》·《대학》·《중용》 사서를 마치고 현재 고문진보 강의에 이르기까지 한 치의 흐트러짐이나 타협 없이 강의를 해주시는 권진호 선생님! 학문에 대한 열의와 지역 文風 확산을 염원하는 간절한 애정이 있음은 누구도 부인할 수 없을 것이다.

세계유산이 산재하고 정신문화의 주류가 되는 유학의 香이 넘치는 우리 안동에서 보이지 않는 정신문화의 향기를 드러내기 위해서는 수도 시민으로서의 역할도 중요하다는 생각이 든다. 그것은 바로 지역에서 펼치는 학문의 場에 의무감을 가지고 참여하는 일일 것이다.

좋아하는 경서 한줄 내 몸에 체득해 서로가 서로에게 선한 영향력을 끼칠 수 있는 지역정서와 시민들로 넘쳐 났으면 좋겠다.

나 또한 학문의 과중함에 매몰되지 않고 지근거리에서 나의 절친, 경서 한줄 읽으며 지천명에 이르니 내 삶의 소소하고 확실한 행복이 아닐 수 없다. 나는 이 행복을 계속 누리며 살 것이다.

(출처: 안동청년유도회 소식지 靑儒 통권제28호에 실린 글)

이은경

안동대학교 한문학과, 문화관광과(대학원) 졸업
경상북도독립운동기념관 경영관리부 차장
한국국학진흥원 아카이브 구축팀
현) 경북ICT융합산업협회 연구위원

제12기 EBS 스토리 기자단
EBS 글로벌프로젝트 〈나눔〉 전국방송 출연
사회복지법인 월드비전 일반인 홍보대사

수국에 관한 짧은 사유

최 정 현

천수국의 꽃말은 가련한 사랑, 이별의 슬픔
또는 헤어진 친구에게 보내는 마음

만수국의 꽃말은 반드시 오고야 말 행복

그들의 이름은
이 겨울을 견뎌내고 있는
가련한 당신
가련한 우리에게
봄과 함께 마침내 피어나고야 말 행복

우리의 하루 끝에 맺혀있는
기어이 찾아올 행복

바람 wish. wind

그곳은 빛이 닿지 않는 곳

내가 만약 하늘을 내달려
저 구름을 갈라 뽀얀 속살을 드러내고
단숨에 태양에 닿아
이글거리는 불꽃을 다시 당기고
쏟아지는 별빛을 한 아름 그러모아
뿌연 하늘을 반짝반짝 닦아내어
천 길 바다 속을 대낮같이 밝힌다 해도

한 길 그대의 심중에는 닿지 못한다.

다만 그곳을 가만히 밝히는 것은
한 줄기 바람으로 피운 한 송이 민들레

위선의 고백

나는 항상 얼마쯤 비켜서 있다

나의 투쟁은
격전지에서 벗어난 곳
탐하는 것은
처절한 투쟁의 마지막쯤과
달콤한 승리의 한 모금 쯤

나는 시체에만 관심 갖는 스케빈저
꾸미지 못한 마음을 겁내며
승패가 정해진 것에만 발을 들인다

이 겨울의 끝에
비겁한 생존자에게도

거짓의 봄이 찾아 올 터인데

꽃이 피는 소리는
부끄러워라

원후취월猿猴取月

많은 것을 담은채로 있고 싶었다

억지로 가두어 소유하려 했던
작은 연못 속 빛들은
별과 달에게 빌려온 것

보내야 할 때를 몰라
넘쳐도, 엎질러져도 잡으려 한
집착은 말라붙은 얼룩

자신이 없었기에
이기심을 선의로 포장한
나는 두려움에 떠는 까만 심장

움켜쥔 손에 힘을 뺀다
사륵사륵 빠져나오는 별의 유해
놓아 내는 것들은 사실 소유한 적이 없었던 것
빌린 행복에 영원함은 없는가

비로소 조우하는 내 심장 가장 가까운 미지
엉겨 붙은 시간을 흐르는 달빛으로 씻어낸다
남은 것은 잘생기지도 착하지도 지혜롭지도 못한
밉살스런 조그만 것 뿐
그래, 이랬었지

적나라한 햇살 아래 벌거벗은 부끄러운 맨살
곰보자국을 타오르는 향유로 축복한다
가장하지 말지어다
따스한 햇살, 떠다니는 구름, 꽃잎 한 장만 담아둔 채
다만 마알간 새살을 기다리는 것이다

자화상

나는 실패한 인생이다

유년시절 나는 주제모르는 아이였다
그리고 오래지 않아 그 의미를 배우게 됐다

전지전능한 무언가가
항상 눈을 흡뜨고 있어서
바라거나 사랑하거나 꿈꾸거나 하는
주제 넘는 일이 있으면
이내 벼락을 내렸다

사람들은 나를 실패자라고 불렀다
또는, 바스러진 돌 조각
유리천장에 갇힌 벼룩

내 안에서조차 길을 잃을 때가 잦았다
원망願望도 원망怨望도 잊은 부유물
다만 잊지 못하는 것은
살갗을 찢으며 흐르는 유리조각으로 된 후회
후회와 사과의 이유는 나를 구성하는 모든 것

실패의 구덩이 속
함부로 버려진 플라스틱 로봇을 본다
빛바랜 유년을 손에 쥐고
나는 가려한다

뉘우치지도 사과하지도 않는다
작열하는 태양 아래
바스러진 돌 조각을 굴려
주먹만 한 눈덩이를 겨우 만들려는 것이다

내 인생의 책 100권

번호	제 목	저 자
1	갈매기의 꿈	리처드 바크
2	감히, 아름다움	최재천
3	객주 10권	김주영
4	과자와 맥주	서머싯 몸
5	곽말약 시선	곽말약
6	국어사전을 베고 잠들다	장승욱
7	글쓰기 동서대전	한정주
8	나는 고양이로소이다	나쓰메 소세키
9	나무	베르베르 베르나르
10	나의 라임오렌지나무	J.M 바스콘셀레스
11	난설헌	최문희
12	난세를 건너는 법	제갈량, 오수형 편역
13	내가사랑한유럽TOP10	정여울
14	노인과 바다	어니스트 헤밍웨이
15	누비처네	목성균
16	눈 내리는 마을	오탁번

번호	제 목	저 자
17	느낌의 공동체	신형철
18	다인기행	정찬주
19	달과 6펜스	서머싯 몸
20	당송팔대가의산문세계	오수형 편역
21	대통령의 글쓰기	강원국
22	독일인의 사랑	막스 뮐러
23	떡갈나무 바라보기	최재천
24	렉서스와 올리브나무	토머스 L. 프리드먼
25	모로코의 낙타와 성자	엘리아스 카네티
26	모리와 함께하는 화요일	미치 앨봄
27	노터사이클 디이어리	체 게바라
28	몰락의 에티카	신형철
29	무소유	법정
30	무진기행	김승옥
31	문장의 온도	한정주
32	미쳐야 미친다	정민
33	바람과 함께 사라지다	마가렛 미첼
34	밥냄새	오탁번
35	봉인된 시간을 깨다(평론)	남홍숙
36	북학의	박제가
37	비밀	홍해리
38	비슷한 것은 가짜다	정민
39	빨강머리 앤10권	루시 모드 몽고메리
40	산색	운서 주굉
41	삶을 바꾼 만남	정민
42	상실의 시대	무라카미 하루키
43	새들은 페루에 가서 죽다	로맹가리
44	새를 쏘러 숲에 들다	윤택수

번호	제 목	저 자
45	생명 있는 것은 다 아름답다	최재천
46	설국	가와바타 야스나리
47	섬	장 그로니에
48	소박한 밥상	헬렌 니어링
49	소설의 고독	정홍수
50	술통	장승욱
51	숲에서 만난 발자국	톰 브라운
52	시가 내게로 왔다 5권	김용택
53	시간의 지도	데이비드 크리스천
54	아버지의 뒷모습	주자청
55	약해지지마	시바타 도요
56	어린 왕자	생떽쥐베리
57	엄마의 말뚝	박완서
58	열하일기 2권	고미숙
59	열하일기, 역설과 웃음의 유쾌한 시공간	고미숙
60	오직 독서뿐	정민
61	외로운 사람끼리 배추적을 먹었다	김서령
62	우리 겨레의 미학사상	보리출판사
63	우리말은재미있다.	장승욱
64	원매 산문집	원매
65	위대한 개츠비	스콧 피츠제랄드
66	위몽영	장조
67	위즈덤 다이어리	샥티 거웨인
68	율곡, 사람의 길을 말하다	한정주
69	이덕무를 읽다	한정주
70	자전거 여행	김훈
71	재미나는 우리말 도사리	장승욱
72	조화로운 삶	스코트 니어링, 헬렌니어링

번호	제 목	저 자
73	종이거울 속의 슬픈 얼굴	최민식
74	주홍글씨	나다니엘 호손
75	죽비소리	정민
76	중국인, 중국문화에세이	허세욱
77	지리산 10권	이병주
78	지중해의 영감	장 그로니에
79	차문화유적답사기 상, 하	김대성
80	참외는 참 외롭다	김서령
81	책 읽는 소리	정민
82	첫 맥주 한 모금	들레름
83	태백산맥 10권	조정래
84	태평광기 9	김장완, 이민숙
85	테스	토마스 하디
86	토지 22권	박경리
87	통찰	최재천
88	퇴계선생의 매화시첩	기태완 역주
89	퇴계와 고봉, '편지를 쓰다'	김영두 옮김
90	퇴계처럼	김병일
91	하느님의 손도장	최민자
92	하루키 잡문집	무라카미 하루키
93	한국사 천자문	한정주
94	한유문집	한유
95	허삼관 매혈기	위화
96	호, 조선의 자존심	한정주
97	혼불 10권	최명희
98	화첩기행 1,2	김병종
99	훔친책빌린책내책	윤택수
100	존 버거의 글로 쓴 사진	존 버거

이해숙 수필집

쉰아홉 살, 머리로 서다

인쇄 2020년 12월 7일
발행 2020년 12월 14일

지은이 이해숙
발행인 서정환
펴낸곳 수필과비평사
주소 서울시 종로구 삼일대로 32길 36(익선동 30-6 운현신화타워 빌딩) 305호
전화 (02) 3675-3885 (063) 275-4000·0484
팩스 (063) 274-3131
이메일 essay321@hanmail.net
출판등록 제300-2013-133호
인쇄·제본 신아출판사

ISBN 979-11-5933-308-8 (03810)
값 13,000 원

이 도서의 국립중앙도서관 출판예정도서목록(CIP)은 서지정보유통지원시스템 홈페이지(http://seoji.nl.go.kr)와 국가자료종합목록 구축시스템(http://kolis-net.nl.go.kr)에서 이용하실 수 있습니다. (CIP제어번호 : CIP2020051792)

Printed in KOREA

*본 수필집은 (재)전라북도문화관광재단 2020년 지역문화예술육성지원사업에 선정되어 발간비 일부를 지원 받아 제작되었습니다.